Manuale aziendale OCSE-FAO sulla deforestazione e la due diligence nelle catene di fornitura agricole

Si prega di citare sempre la presente pubblicazione come riportato qui sotto:
OECD/FAO (2024), *Manuale aziendale OCSE-FAO sulla deforestazione e la due diligence nelle catene di fornitura agricole*, OECD Publishing, Paris, https://doi.org/10.1787/ce5c030c-it.

ISBN 978-92-64-57979-8 (Stampa)
ISBN 978-92-64-89068-8 (PDF)
ISBN 978-92-64-90277-0 (HTML)

FAO
FAO ISBN 978-92-5-138845-7 (stampa e pdf)

Titolo originale: OECD/FAO (2024), *OECD-FAO Business Handbook on Deforestation and Due Diligence in Agricultural Supply Chains*, OECD Publishing, Paris, https://doi.org/10.1787/c0d4bca7-en.

Illustrazioni: Copertina © STILLFX/Getty Images.

Gli errata corrige delle pubblicazioni possono essere consultati online sul sito: https://www.oecd.org/en/publications/support/corrigenda.html.

Prefazione

Questo *manuale aziendale OCSE-FAO sulla deforestazione e la due diligence nelle catene di fornitura agricole* (Manuale) mira ad aiutare le aziende ad integrare considerazioni sulla deforestazione e il degrado forestale nelle procedure di due diligence aziendale. Si basa sul quadro di due diligence basato sul rischio stabilito nella *Guida OCSE-FAO per filiere agricole responsabili* (Guida OCSE-FAO) e nella *Guida OCSE sulla due diligence per una condotta aziendale responsabile*.

Il presente Manuale fa parte del lavoro dell'OCSE e della FAO associato alla Guida OCSE-FAO per filiere agricole responsabili (Guida OCSE-FAO) (OECD/FAO, 2016[1]) e alla Condotta responsabile delle imprese (RBC) in agricoltura.

L'fornitura e il commercio di molte materie prime agricole coinvolge una complessa rete di relazioni commerciali, tra cui produttori, agricoltori, commercianti, fornitori e altri attori che fanno parte delle catene di fornitura agroalimentari globali. Con la crescita della domanda globale di cibo, possono sorgere sfide che potrebbero comportare impatti negativi legati all'espansione agricola, comprese le foreste e altri ecosistemi naturali. Di conseguenza, le decisioni aziendali prese dalle aziende che acquistano, trasformano e vendono materie prime e prodotti agricoli possono causare, contribuire o essere direttamente collegate alla deforestazione o al degrado delle foreste.

Per quasi 15 anni, le aziende e le parti interessate nel settore del legno hanno ampiamente applicato approcci di due diligence in risposta alle normative (ad esempio il Regolamento sul legname dell'Unione Europea e quello degli Stati Uniti con il Lacey Act (Lacey, 2008[2]) volte a garantire l'origine legale del legname. Per facilitare la due diligence e ridurre i rischi, i paesi esportatori di legname hanno sviluppato sistemi di verifica o garanzia per dimostrare e documentare la legalità, la sostenibilità e la tracciabilità dei prodotti in legno. Parallelamente, l'ONU e l'OCSE hanno sviluppato raccomandazioni e linee guida su come le aziende possono integrare la due diligence basata sul rischio nelle loro decisioni aziendali e nelle relazioni commerciali per identificare e affrontare i rischi della catena di fornitura che hanno un impatto sulle persone e sul pianeta. Questi sforzi hanno portato a lavorare sulla riduzione dei rischi ambientali e sociali tra le imprese agroalimentari, in collaborazione con le parti interessate delle organizzazioni degli agricoltori, della società civile e delle imprese stesse. Tuttavia, molte imprese faticano ancora a capire come i rischi della deforestazione e del degrado forestale possano manifestarsi nelle loro catene di fornitura e come possano adottare misure pratiche per identificare, prevenire e affrontare questi rischi attraverso una due diligence basata sul rischio.

Questo manuale mira ad aiutare le imprese ad affrontare i rischi di deforestazione e degrado forestale nelle catene di fornitura agricole globali attraverso una due diligence basata sul rischio, anche integrando gli sforzi aziendali esistenti per tracciare la legalità del legname, ove pertinente. Il Manuale è pensato per le imprese agroalimentari che si procurano o utilizzano materie prime e prodotti che potrebbero essere associati alla deforestazione o al degrado forestale. Mentre gli impatti sulle foreste si verificano a monte della catena di fornitura, le aziende a valle spesso guidano la domanda di questi prodotti, il che a sua volta aumenta i rischi di deforestazione. Questo Manuale è stato quindi pensato per essere utilizzato dalle imprese lungo tutta la filiera, dalla produzione alla vendita al dettaglio.

Nell'ambito dello sviluppo di questo Manuale, l'OCSE e la FAO hanno costituito un Gruppo di Lavoro di Esperti Multi-attoriale (MSWG) composto da portatori di interesse provenienti da imprese, governo, società civile, mondo accademico e altri per supportare la stesura di questo Manuale, compresi elementi e tipologie di informazioni che potrebbero essere utili per aiutare le aziende a rendere operativa la due diligence basata sul rischio per affrontare la deforestazione. Oltre al feedback del MSWG, da giugno a luglio 2022 è stata organizzata una consultazione pubblica informale.

Ringraziamenti

L'OCSE e la FAO desiderano ringraziare tutte le parti interessate che hanno contribuito allo sviluppo di questo Manuale, dalle imprese, al mondo accademico, alle organizzazioni della società civile e agli organismi di certificazione fino a numerosi governi di tutto il mondo. Un ringraziamento particolare va all'esperto indipendente Duncan Brack che ha guidato il processo di stesura di questo Manuale in collaborazione con l'OCSE, la FAO e il Gruppo di lavoro multi- attoriale (MSWG).

Presso il Centro dell'OCSE per la condotta responsabile delle imprese (Centro RBC dell'OCSE), il Manuale è stato redatto e supervisionato da Shivani Kannabhiran, Sophia Gnych e Sebastian Weber. L'OCSE desidera ringraziare ulteriormente i Gruppi di lavoro sulla condotta responsabile delle imprese (WPRBC) e le Politiche e i mercati agricoli (APM) per aver apportato contributi e commenti a questo Manuale.

Presso l'Organizzazione delle Nazioni Unite per l'Alimentazione e l'Agricoltura (FAO), il Manuale è stato redatto da Tomislav Ivanÿiÿ, Caroline Merle e Kristin DeValue, sotto la supervisione di Pascal Liu, Tiina Vähänen e Serena Fortuna. Un ringraziamento speciale va ad Astrid Agostini, così come ai colleghi della FAO della Divisione Silvicoltura, Mercati e Commercio e uffici in tutto il mondo che hanno fornito supporto tecnico alla stesura di questo Manuale.

Questo manuale è finanziato dal Ministero federale tedesco per la cooperazione e lo sviluppo economico (BMZ) e sostenuto dalla Deutsche Gesellschaft für Internationale Zusammenarbeit (GIZ) GmbH.

Franziska Rau, consulente presso l'Iniziativa per le catene di fornitura agricole sostenibili (INA), GIZ, ha fornito un prezioso contributo al Manuale per conto del team di deforestazione dell'INA.

Sommario

FIGURE

TABELLE

Sintesi

La Guida OCSE-FAO per filiere agricole responsabili (Guida OCSE-FAO) aiuta le imprese del settore agricolo a rispettare gli standard internazionali esistenti sulla condotta d'impresa responsabile nelle filiere agricole. Le Linee guida OCSE-FAO sono un esempio del crescente riconoscimento di come la due diligence basata sul rischio possa aiutare le imprese a identificare e rispondere ai rischi nelle loro operazioni e nelle catene di fornitura globali. Oltre alle azioni di due diligence intraprese dalle imprese, diversi governi hanno adottato o intendono introdurre due diligence obbligatorie nelle catene di fornitura globali, anche per affrontare i problemi di deforestazione.

Le decisioni aziendali prese dalle aziende che acquistano, trasformano e vendono materie prime agricole o prodotti alimentari possono avere un impatto sulle foreste, che può includere la deforestazione. Essendo uno dei principali rischi legati all'fornitura, la deforestazione può anche avere impatti maggiori sugli ecosistemi e sulle persone che da essi dipendono.

Tuttavia, molte imprese faticano a capire come i rischi di deforestazione e degrado forestale possano manifestarsi nelle loro catene di fornitura, comprese le misure pratiche che possono adottare per identificare, prevenire e affrontare questi rischi attraverso una due diligence basata sul rischio.

Questo Manuale è stato sviluppato dall'OCSE e dalla FAO per aiutare le aziende a integrare considerazioni sulla deforestazione e il degrado forestale nei loro sforzi di fornitura responsabile e di due diligence aziendale. Si basa sul vasto lavoro e sull'esperienza della FAO nell'arrestare la deforestazione e il degrado forestale e nel promuovere una gestione responsabile del territorio. Il manuale si basa sui principali standard internazionali sostenuti dai governi in materia di due diligence nella catena di fornitura e di condotta d'impresa responsabile: le Linee guida OCSE per le imprese multinazionali sulla condotta responsabile delle imprese e il quadro di due diligence associato introdotto nella Guida OCSE-FAO per catene di fornitura agricole responsabili e la Guida dell'OCSE sulla due diligence per una condotta d'impresa responsabile. Questo manuale dimostra come le linee guida OCSE-FAO possono essere applicate per affrontare la deforestazione contestualizzando le raccomandazioni esistenti e aiutando gli utenti a capire come introdurre in modo proattivo la due diligence e ridurre il rischio potenziale di deforestazione nelle loro catene di fornitura.

Introduzione

Questo capitolo introduce il Manuale, delinea gli scopi per cui è stato sviluppato e fornisce le definizioni chiave

L'obiettivo di questo manuale aziendale OCSE-FAO sulla deforestazione e la due diligence nelle catene di fornitura agricole (Manuale) è quello di aiutare le aziende a integrare considerazioni sulla deforestazione e il degrado forestale nelle procedure di due diligence aziendale. Si basa sul quadro di due diligence del rischio stabilito nelle linee guida OCSE-FAO e nelle linee guida OCSE sulla due diligence per una condotta d'impresa responsabile.

Il Manuale fornisce informazioni di base, risorse e azioni pratiche che le imprese possono intraprendere quando implementano cascuda fase della due diligence basata sul rischio in linea con le linee guida OCSE-FAO. Si basa sulle attuali pratiche aziendali, inclusi strumenti e risorse esistenti, dati e parametri disponibili per supportare le imprese nel momento in cui prendono in considerazione il modo migliore per identificare ed evitare la deforestazione e il degrado forestale.

Definizioni chiave

Deforestazione: la FAO definisce la deforestazione come la conversione delle foreste ad altro uso del suolo indipendentemente dal fatto che sia indotto o meno dall'uomo (FAO, 2020[3]).

Degrado forestale: non esiste una definizione FAO o altra definizione standard per il degrado forestale; la FAO incoraggia i paesi a definirlo da soli. La definizione inclusa nell'Accountability Framework proposto da un gruppo di ONG internazionali, che si applica ad altri ecosistemi naturali e alle foreste, è: "Cambiamenti all'interno di un ecosistema naturale che influiscono in modo significativo e negativo sulla composizione, struttura e/o funzione delle sue specie e riducono la capacità dell'ecosistema di fornire prodotti, sostenere la biodiversità e/o fornire servizi ecosistemici" (Accountability Framework, 2020[4]).

Per un elenco completo delle definizioni, consultare il Glossario.

A chi è rivolto questo Manuale?

Il Manuale è progettato per le imprese delle filiere agroalimentari che si approvvigionano o utilizzano materie prime e prodotti che potrebbero essere associati alla deforestazione o al degrado forestale. Sebbene il Manuale si occupi principalmente degli impatti sul territorio, sulla piantumazione e, sul taglio delle foreste, può essere utilizzato dalle imprese lungo tutta la filiera, dalla produzione alla vendita al dettaglio.

Sempre più spesso, le aziende stanno introducendo approcci di due diligence basati sul rischio nelle loro politiche e procedure per aiutare a guidare i loro sforzi di fornitura responsabile e promuovere una condotta d'impresa responsabile.

Molte piccole e medie imprese (PMI) faticano a soddisfare i requisiti commerciali e di mercato legati a una condotta d'impresa responsabile, inclusa la deforestazione. Per aiutare le piccole imprese ad affrontare la deforestazione, ogni capitolo di questo manuale presenta un riquadro con suggerimenti su come le PMI possono introdurre una due diligence basata sul rischio in linea con le linee guida OCSE-FAO.

Il Manuale può rappresentare anche una risorsa per le istituzioni finanziarie, poiché valutano le politiche e le attività dei potenziali partner commerciali rilevanti per le aspettative di due diligence e la potenziale deforestazione.

L'allegato A del Manuale elenca le risorse legate alla deforestazione.

Foreste, ecosistemi naturali e conversione

Il quadro di due diligence descritto in questo manuale si applica sia alla deforestazione che al degrado forestale. Per facilità di lettura, il termine "deforestazione" viene qui utilizzato per applicarsi a entrambi.

Le foreste non sono l'unico ecosistema naturale che potrebbe essere influenzato negativamente dalla conversione alla produzione agricola. Anche la savana, le praterie, le torbiere e le zone umide, tra gli altri, possono essere a rischio se si considera l'uso del territorio. Molte politiche di due diligence adottate dalle imprese ora coprono la conversione di questi ecosistemi insieme alle foreste e includono, ad esempio, riferimenti alla protezione di aree ad alto valore di conservazione e ad alto stock di carbonio. Anche se questo Manuale si concentra solo sulle foreste, le fasi di due diligence che descrive sono generalmente applicabili anche alla conversione di altri ecosistemi naturali.

Un elenco completo delle definizioni utilizzate in questo Manuale è incluso nel Glossario.

Foreste e deforestazione

Questo capitolo introduce la deforestazione e il degrado forestale nel contesto delle catene di fornitura globali. Presenta l'entità del problema e le sue origini nella produzione e nell'approvvigionamento delle materie prime, insieme alle sfide di sviluppo che possono contribuire alla deforestazione in diversi contesti.

Le foreste sane sono vitali per i tre pilastri dello sviluppo sostenibile: economico, sociale e ambientale. La crescita continua delle imprese e dell'occupazione nel settore agricolo e la sicurezza alimentare globale dipendono dalle foreste. Gli ecosistemi forestali rappresentano il più grande serbatoio di carbonio terrestre, fondamentale per raggiungere gli obiettivi climatici; regolano inoltre le precipitazioni e i cicli dell'acqua e aiutano a mantenere stabili gli ambienti locali, essenziali per sostenere i mezzi di sussistenza e la produzione agricola sostenibile. Circa 1,6 miliardi di persone dipendono dalle foreste per il loro sostentamento, tra cui circa 70 milioni di popolazioni indigene. Le foreste contengono più di 60.000 specie di alberi diverse e forniscono habitat per la grande maggioranza delle specie animali. (FAO, 2020[3]; FAO e UNEP, 2020[5]).

Nel 2020, il 31% della superficie terrestre mondiale – 4 miliardi di ettari – era coperto da foreste. Dal 1990 si stima che 420 milioni di ettari di foreste siano andati perduti a causa della deforestazione (FAO, 2020[3]). Dal 2015 al 2020, il tasso di deforestazione è stato stimato a 10 milioni di ettari all'anno, sebbene l'imboschimento e il rimboschimento abbiano sostenuto il recupero delle foreste in alcune parti del mondo (FAO, 2020[3]). In questo periodo la perdita di foreste, in particolare di foreste naturali, è stata particolarmente elevata ai tropici (vedi Figura 1).

Il degrado delle foreste è il risultato di operazioni di desbocamiento insostenibile, di estrazione di combustibile legnoso, di cambio del territorio ad uso agricolo, pascolivo o terreni suscettibili ad incendi e colpisce allo stesso modo gli ecosistemi forestali nei biomi tropicali, temperati e boreali. In tutti questi casi la foresta conserva la capacità di ricrescere, ma queste attività, in genere, riducono la copertura forestale più velocemente di quanto si ripristina naturalmente e influiscono sulla diversità delle specie ospitate in tali foreste (FAO e UNEP, 2020[5]).

Sebbene il degrado forestale sia difficile da misurare, gli studi suggeriscono che esso rappresenta circa un terzo dell'impatto complessivo della perdita di copertura arborea, misurato in termini di emissioni di carbonio (Federici, 2015[6]).

Figura 1. Deforestazione, 2000-2018

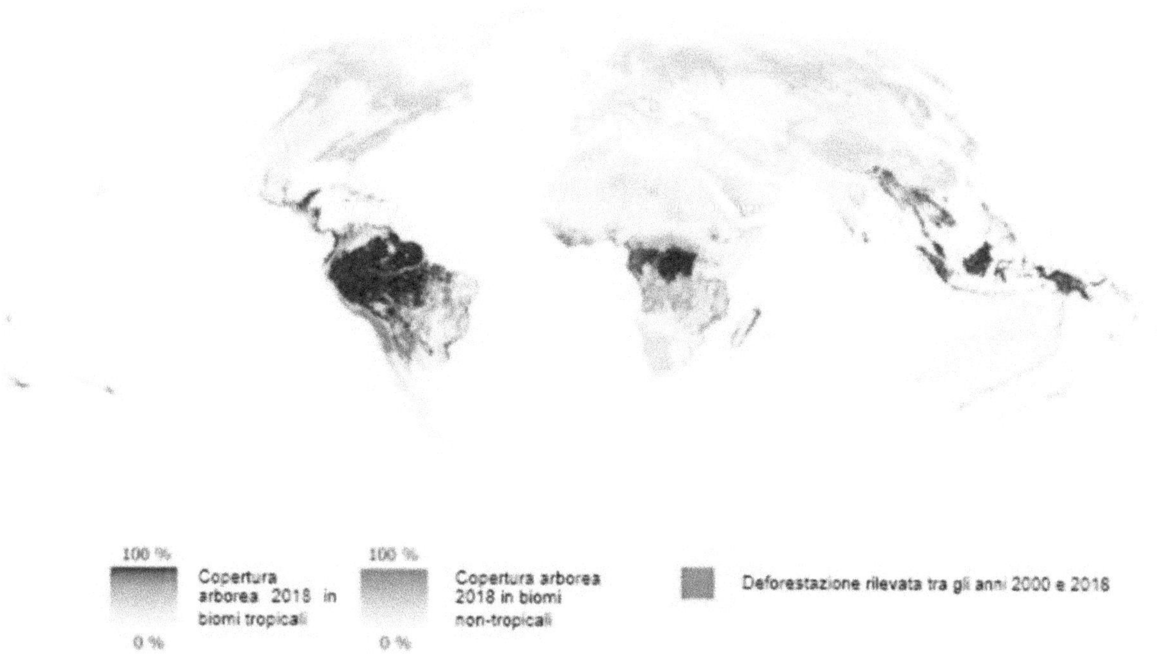

Fonte: FAO (2022[2]), FRA 2020 Remote Sensing Survey, https://www.fao.org/forest-resources-assessment/remote-sensing/fra-2020-remote-sensing-survey/en/

Impatti della produzione agricola sulle foreste

La produzione agricola può sia favorire la deforestazione sia subirne l'impatto negativo. L'indagine globale di telerilevamento della FAO sulle risorse forestali stima che dal 2000 al 2018 quasi il 90% della defores tazione globale è stata il risultato dell'espansione agricola, di cui il 52% dall'espansione delle terre coltivate e il 38% dal pascolo del bestiame (FAO, 2021[8]). La Figura 2 illustra le principali cause della deforestazione per regione. Allo stesso modo, anche la deforestazione, unita al cambiamento climatico, può avere un impatto notevole sulla produzione agricola, che a sua volta può avere impatti significativi sulla disponibilità e sulla domanda di cibo[1].

Figura 2. Principali fattori che determinano la deforestazione nelle regioni del mondo

Fattori della deforestazione per regione, 2000-2018 (in Mha)

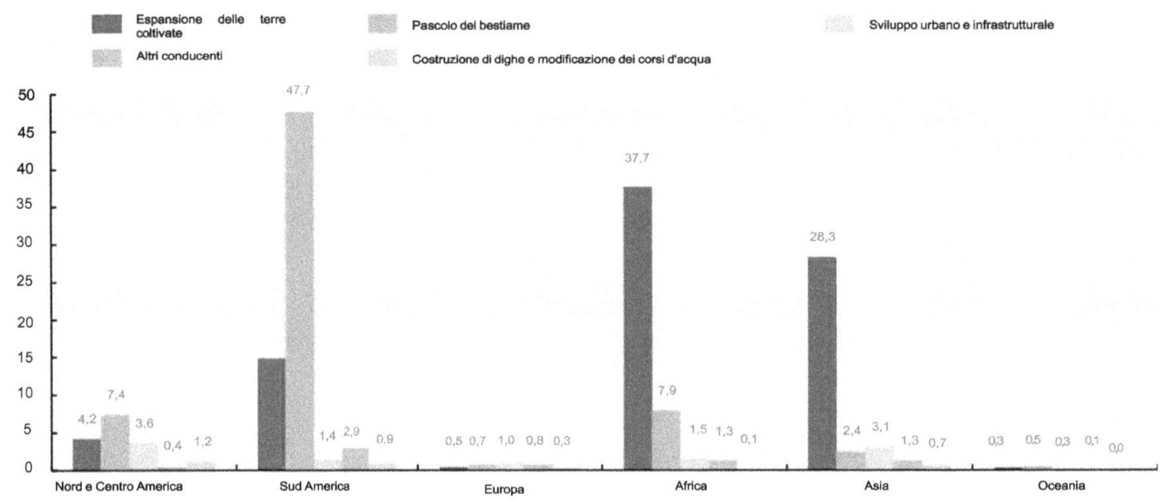

Fonte: Fonte: FAO (2022[7]), FRA 2020 Indagine di rilevamento a distanza, https://www.fao.org/forest-resources-assessment/remote-sensing/fra-2020-remote-sensing-survey/en/

Una serie di fattori sottolinea il legame tra deforestazione e produzione agricola (Geist, 2002[9]). Se da un lato la crescita e lo sviluppo hanno fatto uscire milioni di persone dalla povertà, dall'altro hanno anche aumentato la domanda di cibo e portato a cambiamenti negli stili di vita e nelle diete poiché le persone consumano minori quantità di alimenti di base e più carne, latticini, frutta e verdura e alimenti trasformati. Si prevede che queste tendenze continueranno (OCSE-FAO, 2021[10]), poiché ci si aspetta che la popolazione mondiale raggiungerà i 9,7 miliardi di persone entro il 2050 (ONU, 2019[11]). Tenendo conto dei cambiamenti nella dieta e di altri fattori, ciò implica una crescita della domanda alimentare del 35-56% (Van Dijk, 2021[12]), aumentando potenzialmente la domanda di terra e la pressione sulle foreste.

La liberalizzazione del commercio e degli affari ha incoraggiato la crescita delle catene di fornitura globali; si stima che circa un terzo delle esportazioni agroalimentari avvengano all'interno delle catene del valore globali (FAO, 2022[13]). Mentre l'atto di deforestazione avviene in punti specifici a monte della catena di fornitura, le aziende e i fornitori a valle svolgono un ruolo fondamentale nel garantire che il rischio di deforestazione sia affrontato all'interno delle catene di fornitura delle materie prime da cui si approvvigionano.

Va notato che una parte significativa dell'abbattimento delle foreste per l'agricoltura è stata illegale. Un sondaggio completo pubblicato nel 2021 ha stimato che il 69% della conversione delle foreste tropicali per l'agricoltura avvenuta tra il 2013 e il 2019 è stata condotta in violazione delle leggi e dei regolamenti nazionali (Forest Trends, 2021[14]). Il disboscamento illegale (per il legname) rimane una seria preoccupazione in molti paesi, con un valore stimato nel commercio internazionale compreso tra 50 e 150 miliardi di dollari l'anno (Banca mondiale, 2019[15]).

Materie prime agricole e deforestazione

Sulla base degli studi sui fattori discussi sopra, la deforestazione collegata all'agricoltura è stata spesso associata a un gruppo ristretto di materie prime (Pendrill, 2019[16]). Tuttavia, il business, la domanda e il commercio possono variare nel corso del tempo. Né l'offerta né la domanda sono fisse e la crescita nella domanda di nuovi prodotti agricoli può portare alla deforestazione in altri contesti, compresi i climi temperati.

L'attenzione internazionale è comunemente rivolta agli impatti sulle foreste di alcune materie prime che hanno visto un aumento della produzione e dell'esportazione negli ultimi decenni, spesso dipendenti dall'espansione dei terreni ad uso agricolo riducendo la copertura forestale. Le materie prime coltivate o cresciute in un'area dopo la deforestazione sono considerate "motrici dirette" della deforestazione. Tuttavia, è il modo in cui questi beni vengono prodotti, non i beni stessi, a collegarli alla deforestazione.

Un determinato gruppo di materie prime ha ricevuto maggiore attenzione perché per la loro produzione vengono spesso utilizzate terre recentemente deforestate. Queste includono carne bovina, latticini e pelle bovina, soia, olio di palma, cacao, caffè, legno e gomma. Di conseguenza, le risposte pubbliche e private e le iniziative multilaterali hanno avuto la tendenza ad adottare approcci specifici per prodotto nei loro sforzi verso modelli di produzione più sostenibili, nel rispetto delle foreste. Un esempio è la moratoria sulla soia in Amazzonia, firmata nel 2006, in cui il 90% delle aziende del mercato brasiliano della soia si è impegnata a evitare l'acquisto di soia coltivata in aree recentemente deforestate dell'Amazzonia brasiliana. Allo stesso modo, i governi della Costa d'Avorio e del Ghana e 35 aziende leader nel settore del cacao e del cioccolato si sono uniti nell'Iniziativa Foresta e Cacao per eliminare la deforestazione legata al cacao e ripristinare le aree forestali.

Iniziative globali sulla deforestazione

Si stanno compiendo molti sforzi per separare la produzione di materie prime dalla deforestazione. Sebbene il raggiungimento degli obiettivi internazionali associati alla deforestazione, in particolare quelli adottati prima del 2020 (vedi **Tabella 1**), si siano rivelati impegnativi, questi hanno stimolato l'azione di un'ampia gamma di aziende che producono, commerciano e utilizzano materie prime associate alla deforestazione. Gli impegni per eliminare o ridurre la deforestazione nelle catene di fornitura aziendali sono diventati comuni nelle aziende che commerciano e utilizzano legname, olio di palma e cacao; meno comuni per altre materie prime. Un'analisi di 675 aziende nel 2021 che hanno comunicato al CDP il rischio forestale nelle loro catene di fornitura ha rilevato che il 66% possedeva una politica relativa alla deforestazione, mentre il 38% aveva adottato una politica generale o specifica per merce di non deforestazione/conversione a livello aziendale (CDP/AFI, 2022[17]).

La **Tabella 1** fornisce esempi dell'ampia gamma di iniziative internazionali sulla deforestazione associata alle filiere agricole e del legname a partire dal 2010; settore privato[2] queste includono iniziative come soft law, SDG, iniziative del nonché iniziative multilaterali.

Tabella 1. Esempi di iniziative internazionali sulla deforestazione

Data	Organizzazione/Iniziativa	Impegni
dal 2008 al 2015	Convenzione quadro delle Nazioni Unite sui cambiamenti climatici –REDD, poi REDD+, Quadro	Guidare le attività nel settore forestale che riducono le emissioni derivanti dalla deforestazione e dal degrado forestale, nonché la gestione sostenibile delle foreste e la conservazione e ilmiglioramento delle riserve di carbonio forestale nei paesi in via di sviluppo.
2010	Forum sui beni di consumo (rete industriale globale di rivenditori, produttori e fornitori di servizi)	Zero deforestazione netta nelle catene di fornitura dei soci. Entro il 2020 nelle principali materie prime: soia, olio di palma, legname/carta e, cellulosa, carne bovina.
2012	Tropical Forest Alliance (partenariato globale di governi, aziende, società civile, comunità indigene, Popoli, comunità locali, agenzie ONU)	Riduzione della deforestazione tropicale associata all'approvvigionamento di materie prime come olio di palma, soia, prodotti bovini, carta e cellulosa. Promuove e sostiene iniziative regionali multilaterali.
2014	Dichiarazione di New York sulle foreste (tra i firmatari ora figurano oltre 200 governi nazionali e locali, aziende e società civile, comunità e indigeni Organizzazioni delle popolazioni locali)	Dimezzare almeno il tasso di perdita delle foreste naturali a livello globale entro il 2020 e impegnarsi a porre fine alla perdita di foreste naturali entro il 2030; sostenere l'obiettivo del settore privato di eliminare la deforestazione dalla produzione di materie prime agricole entro e non oltre il 2020; ridurre significativamente la deforestazione derivante da altri settori economici entro il 2020.
2015	Obiettivi di sviluppo sostenibile delle Nazioni Unite	SDG 15.2: "Entro il 2020, promuovere l'attuazione della gestione sostenibile di tutti i tipi di foreste, arrestare la deforestazione, ripristinare le foreste degradate e aumentare sostanzialmente l'imboschimento e il rimboschimento a livello globale". (Anche SDG 12.6: "Incoraggiare le aziende, soprattutto quelle grandi e transnazionali, ad adottare pratiche sostenibili e a integrare le informazioni sulla sostenibilità nel loro ciclo di rendicontazione").
2020	Forum sui beni di consumo - Coalizione di Azione Foresta-Positiva	Coalizione delle grandi aziende che mirano a sostenere le imprese anti-deforestazione e conversione attraverso iniziative integrate e multilaterali sull'uso del territorio nei principali scenari produttivi. Piani di azione specifici per prodotto per soia, olio di palma, bovini, pasta di legno e carta.
2021	Dichiarazione dei leader di Glasgow sulle foreste e l'uso del territorio (firmata da 141 paesi al 26° congresso delle Nazioni Unite sui cambiamenti climatici Conferenza [COP26]).	"Lavorare collettivamente per arrestare e invertire la perdita di foreste e il degrado del territorio entro il 2030, garantendo allo stesso tempo uno sviluppo sostenibile e promuovendo una trasformazione rurale inclusiva". Gli impegni specifici includono: "facilitare il commercio e le politiche di sviluppo, a livello internazionale e nazionale, che promuovano lo sviluppo sostenibile e la produzione e il consumo sostenibili di materie prime, che operino a vantaggio reciproco dei paesi e che non favoriscano la deforestazione e il degrado del territorio".
2021	Commercio di foreste, agricoltura e materie prime (FACT) Piano di Azione (dichiarazione di 27 governi e dell'UE (che rappresenta i maggiori produttori e consumatori di materie prime agricole commercializzate a livello internazionale) alla COP26).	Mira a promuovere lo sviluppo sostenibile e il commercio di prodotti agricoli, proteggendo e gestendo in modo sostenibile le foreste e altri ecosistemi critici; Comprende azioni indicative sullo sviluppo del commercio e del mercato; sostegno ai piccoli proprietari; tracciabilità e trasparenza; e ricerca, sviluppo e innovazione.

In diversi paesi consumatori sono nate iniziative volte a garantire l'approvvigionamento dell'intero mercato nazionale con materie prime sostenibili certificate – in particolare olio di palma e cacao – entro una data prevista; a volte queste iniziative volontarie coinvolgono anche i governi. Alleanze simili si sono sviluppate in diversi paesi produttori, come l'accordo sulla deforestazione zero sull'olio di palma in Colombia.

Numerosi paesi produttori hanno inoltre sviluppato i propri standard nazionali e schemi di certificazione per prodotti specifici; ne sono un esempio gli standard indonesiani e malesi sull'olio di palma sostenibile e lo standard africano per il cacao sostenibile.

Negli ultimi anni si è assistito anche alla nascita e alla diffusione di tavole rotonde multilaterali incentrate sulle materie prime e di piattaforme di coinvolgimento per l'azione collettiva, come l'iniziativa Africa Sustainable Commodities – e standard volontari di sostenibilità e schemi di certificazione associati (vedere Allegato A). Numerose istituzioni finanziarie si sono impegnate a non fornire finanziamenti per attività legate alla deforestazione[3].

Legislazione sulla deforestazione e due diligence basata sul rischio

In risposta alle crescenti preoccupazioni sul cambiamento climatico e sulla deforestazione, alcuni governi stanno introducendo obblighi per le aziende di implementare la due diligence per affrontare una serie di rischi nelle loro operazioni e catene di fornitura, inclusa la deforestazione. Tali obblighi integrano le iniziative sopra menzionate e comprendono:

- Obblighi aziendali generali di due diligence, applicabili all'intera attività e alla catena di fornitura di un'impresa, non specifici ad alcun settore o prodotto e non legati all'immissione dei prodotti sul mercato.
- Obbligo di due diligence da intraprendere riguardo a criteri particolari (ad esempio produzione legale o deforestazione zero) prima che determinati prodotti possano essere immessi sul mercato, importati o esportati.

L'implementazione della due diligence basata sul rischio come descritta nel presente Manuale, secondo le Linee guida OCSE-FAO, può aiutare le imprese a soddisfare tali obblighi[4].

Due diligence nelle filiere Agricole

Questo capitolo introduce il concetto generale di due diligence basata sul rischio come stabilito dalla Guida OCSE-FAO per filiere agricole responsabili.

Per "due diligence" si intende il processo attraverso il quale le imprese identificano, prevengono, mitigano e rendono conto del modo in cui affrontano gli impatti negativi effettivi o potenzialmente negativi delle proprie operazioni, della catena di fornitura e di altri rapporti commerciali. Questo è l'approccio alla due diligence raccomandato dalla Guida OCSE-FAO per una catena di fornitura agricola responsabile (Guida OCSE-FAO) e dalla Guida intersettoriale alla due diligence per una condotta d'impresa responsabile (OCSE, 2018, p. 15[18]). La due diligence in questo contesto è quindi parte del processo decisionale aziendale e della gestione del rischio. Il quadro di due diligence delle Linee Guida OCSE-FAO può essere utilizzato da tutte le imprese che operano lungo le filiere agricole, dalla produzione a monte alla vendita al dettaglio a valle.

Il quadro di due diligence delle linee guida OCSE-FAO

Il quadro di due diligence basato sul rischio contenuto nelle Linee guida OCSE-FAO descrive le misure che un'impresa può intraprendere per identificare, prevenire e affrontare i rischi nelle proprie operazioni, catene di fornitura e rapporti commerciali. La Figura 3 illustra il processo in cinque fasi, nonché l'integrazione del rimedio degli impatti avversi, che costituisce un sesto passaggio all'interno della Guida dell'OCSE sul dovere di diligenza per la condotta d'impresa responsabile.

La protezione delle foreste e la prevenzione della deforestazione sono menzionate in diverse occasioni nelle Linee guida OCSE-FAO ma non vengono discusse in dettaglio. Pertanto, il presente Manuale integra le Linee guida OCSE-FAO utilizzando la due diligence basata sul rischio per identificare e affrontare i rischi di deforestazione nelle catene di fornitura agricole globali.

Figura 3. Quadro guida OCSE-FAO sulla due diligence

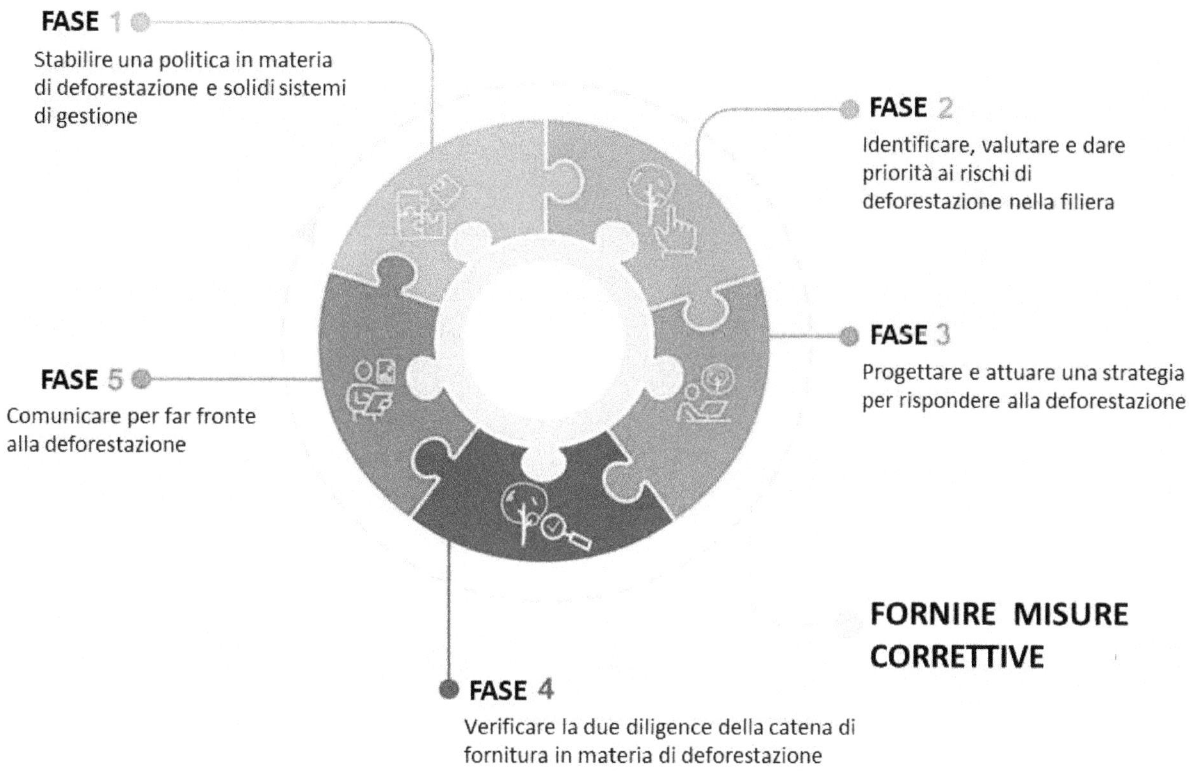

Fonte: adattato da (OCSE-FAO, 2016[1]) e da (OCSE, 2018[18])

Cosa si intende con "rischio" per la due diligence

Per molte imprese, il termine "rischio" significa principalmente rischi per l'impresa: rischio finanziario, rischio di mercato, rischio operativo, rischio reputazionale, ecc. Nel campo della condotta d'impresa responsabile, il rischio si riferisce alla gravità e alla probabilità di impatti negativi sulle persone, sull'ambiente e sulla società che le imprese causano, a cui contribuiscono o ai quali sono direttamente collegate attraverso le operazioni commerciali e le pratiche di approvvigionamento. In altre parole, si tratta di un approccio al rischio rivolto all'esterno. È importante notare che ci sono molti potenziali fattori alla base della deforestazione. Fattori quali la povertà, le violazioni dei diritti umani e i diritti, le risorse nonchè le capacità delle comunità locali e delle popolazioni indigene, lo stato incerto dei diritti di proprietà della terra e delle foreste, la corruzione e le debolezze nella governance e nell'applicazione della legge possono tutte rappresentare cause primarie dei rischi di deforestazione.

Definire il coinvolgimento di un'impresa rispetto agli impatti negativi

Un'impresa può causare impatti negativi, contribuire ad essi o essere direttamente collegata ad essi attraverso le sue operazioni, prodotti e servizi da un rapporto commerciale (vedi Figura 4). Questa comprensione del rapporto tra l'impresa e la deforestazione, o il rischio di deforestazione, è importante, poiché guida l'impresa su ciò che ci si aspetta che faccia in risposta all'impatto. A seconda della sua relazione con l'impatto, agire per contrastare la deforestazione o i rischi di deforestazione potrebbe significare adottare misure per rimediare direttamente all'impatto, cessare le attività che causano l'impatto o prevenire l'impatto potenziale, o utilizzare la leva finanziaria per influenzare l'entità che causa l'impatto.

Figura 4. Affrontare gli impatti negativi sulla base di esempi di relazioni con l'impatto

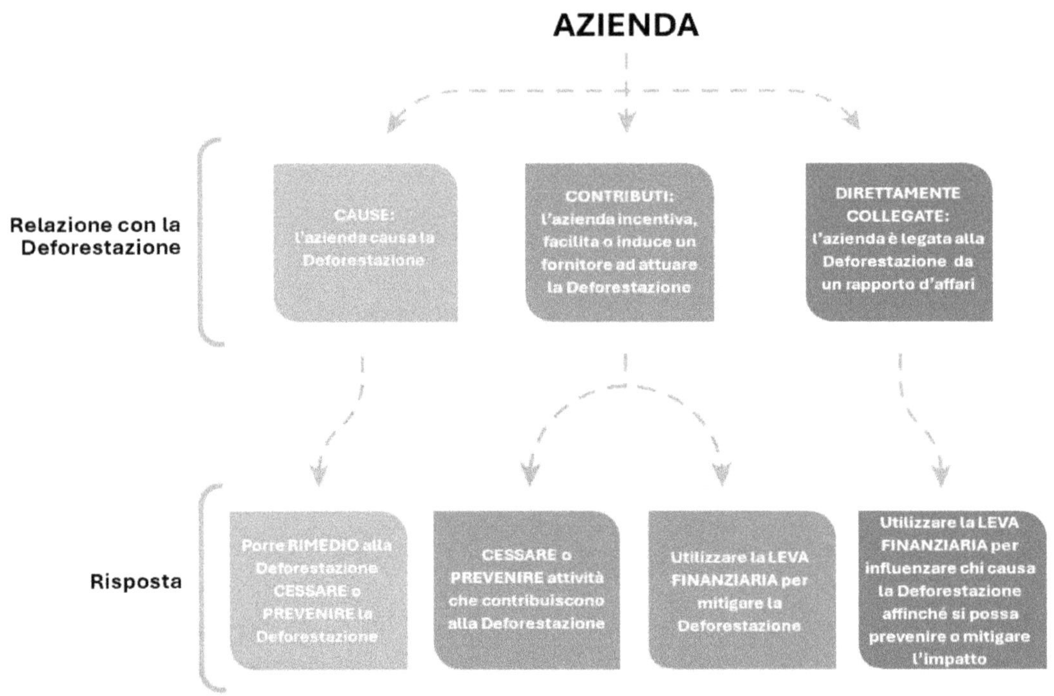

Fonte: adattato da OCSE (2018[18]), Guida OCSE sulla due diligence per una condotta d'impresa responsabile e OCSE-FAO (2016[1]), Guida OCSE- FAO sulle catene di fornitura agricole responsabili, riquadro 1.2.

Un'impresa provoca un impatto negativo se le sue azioni da sole determinano l'impatto. Ad esempio, se un'impresa agricola produce raccolti su un terreno che ha disboscato, si ritiene che causi tale impatto. Gli impatti possono anche derivare dall'inerzia (omissione).

Un'impresa contribuisce a un impatto negativo se le sue attività, in combinazione con le attività di altre entità, determinano l'impatto, o se l'impresa provoca, facilita o incentiva un'altra entità a causare un impatto negativo. Il contributo deve essere sostanziale, il che significa che non include contributi minori o banali. Ad esempio, un'azienda agricola potrebbe contribuire se acquisisce una concessione di terreno per lo sviluppo di una piantagione, sapendo che il terreno dovrà essere disboscato per poter concedere la concessione.

Un'impresa è direttamente collegata a un impatto negativo quando l'impatto è collegato alle sue operazioni, prodotti o servizi da un rapporto commerciale. I rapporti commerciali di un'impresa includono entità della catena di fornitura che sono direttamente collegate alle sue operazioni, prodotti e servizi. I rapporti commerciali includono rapporti che vanno oltre i rapporti contrattuali, di primo livello o immediati. Ciò potrebbe includere ad esempio un produttore, un trasformatore o un commerciante nella catena di fornitura da cui l'impresa riceve i suoi prodotti o materie prime.

Fase 1: Stabilire una politica sulla deforestazione e sistemi di gestione efficaci

La Fase 1 delle Linee guida OCSE-FAO riguarda la creazione di solidi sistemi e politiche di gestione aziendale, che a loro volta supportino tutte le fasi successive del quadro di due diligence OCSE-FAO. Questo capitolo illustra come la Fase 1 può contribuire a sostenere gli impegni delle aziende in materia di deforestazione.

Domande strategiche per le imprese

- Che livello di ambizione abbiamo come azienda riguardo alla deforestazione? Qual è la nostra definizione di foreste? Abbiamo considerato una data limite per la deforestazione nelle nostre pratiche di fornitura (vedere Glossario per le definizioni)?
- La nostra politica soddisfa o va oltre la legislazione relativa alla protezione delle foreste nel nostro paese d'origine, nel paese di produzione e nei principali mercati di esportazione?
- La nostra politica soddisfa le aspettative di investitori, consulenti legali, comunità locali e società civile?
- I dirigenti senior dell'azienda (compreso il Consiglio) comprendono: (1) gli impegni assunti dall'azienda in materia di deforestazione; (2) le implicazioni della scelta di una particolare politica; (3) i sistemi necessari per attuare tale politica (ad esempio, revisione dei contratti e dei rapporti esistenti, implicazioni in termini di budget e personale); e (4) i costi derivanti dalla mancata lotta alla deforestazione per l'azienda (impatti diretti o indiretti sulla produzione e sui ricavi) e a livello globale (in termini di cambiamento climatico e perdita di biodiversità e la relativa insicurezza a medio e lungo termine dell'approvvigionamento di materie prime agricole)?
- È stato nominato un punto di riferimento all'interno dell'azienda per coordinare e gestire l'implementazione dell'approccio di due diligence all'approvvigionamento responsabile (compresi gli impegni in materia di deforestazione), insieme ad altri dipartimenti aziendali (ad esempio legale, affari pubblici/aziendali, appalti, marketing)? Esiste una comunicazione adeguata tra loro?
- Con quali fornitori e altri stakeholder dovremmo impegnarci per sviluppare i nostri impegni contro la deforestazione? Nelle nostre catene di fornitura sono presenti produttori vulnerabili, come i piccoli proprietari terrieri, che richiedono un supporto specifico per il rispetto della politica aziendale e dei requisiti normativi?
- Gli indicatori chiave di performance (KPI) aziendale sono collegati al raggiungimento degli obiettivi di due diligence legati alla deforestazione come parte dei nostri sistemi di gestione?
- Quali sistemi o processi di due diligence esterna stiamo utilizzando per supportare la nostra gestione interna della due diligence (ad esempio, linee guida OCSE-FAO, codici di settore, sistemi/schemi di certificazione delle merci, protocolli di audit, ecc.)?

Stabilire o aggiornare politiche di sostenibilità sulla deforestazione e integrarle nei processi aziendali

I seguenti elementi chiave sono stati identificati come importanti nello sviluppo di una politica sulla deforestazione:

- La politica si applica all'intera azienda (comprese le sue filiali) e alle sue catene di fornitura e garantisce che tutti i dipartimenti interessati lavorino insieme per fornire un impegno comune per combattere la deforestazione attraverso pratiche di produzione e fornitura responsabili.
- Stabilisce obiettivi misurabili per ridurre la deforestazione e il rischio di deforestazione accettabile nelle operazioni, nelle catene di fornitura e nei rapporti commerciali dell'impresa. Ad esempio, l'obiettivo può essere quello di raggiungere zero deforestazione, o zero deforestazione illegale, o una riduzione dei livelli di deforestazione da raggiungere entro una data specifica. La definizione dell'obiettivo comprende obiettivi chiari con limiti di tempo, date limite e definizioni di termini quali "foresta", "deforestazione" e "degrado forestale" (vedere Glossario per le definizioni).

- Obiettivi e definizioni possono spesso essere derivati da impegni collettivi assunti dall'impresa, accordi e impegni internazionali e nazionali, legislazione nazionale, linee guida di associazioni di settore, aspettative degli investitori o standard volontari di sostenibilità nei sistemi di certificazione (vedere l'Allegato A per ulteriori risorse).
- La politica è basata sul rischio, nel senso che affronta innanzitutto i rischi e gli impatti più significativi, prendendo in considerazione la probabilità di un impatto nonché la portata, l'ambito e gli aspetti irrimediabili dell'impatto.
- La politica viene rivista e adattata regolarmente alla luce delle nuove aree di approvvigionamento, dei mutevoli modelli di deforestazione e della crescente conoscenza dei rischi di deforestazione nella catena di fornitura e degli standard internazionali e della legislazione nazionale.

Integrare la politica sulla deforestazione negli organi di controllo e sistemidi gestione e nelle diverse funzioni aziendali

Le pratiche dovrebbero essere conformi in tutte le operazioni dell'impresa, compresi tutti i dipartimenti o le unità che possono prendere decisioni che influiscono su materie prime e prodotti potenzialmente associati alla deforestazione, comprese in particolare le funzioni di acquisto e approvvigionamento. Le procedure relative alla deforestazione dovrebbero essere coerenti e integrate con qualsiasi altra politica di due diligence eventualmente adottata dall'impresa.

Incorporare aspettative e politiche nell'impegno con i fornitori e in altri rapporti commerciali

Poiché la due diligence si applica a tutte le catene di fornitura e ai rapporti commerciali di un'impresa, nonché alle sue stesse operazioni, la comunicazione regolare con i fornitori e altri partner commerciali è fondamentale. Per i prodotti e le catene di fornitura ad un alto rischio associato di deforestazione, l'impresa dovrebbe:

- Comunicare gli aspetti chiave della propria politica sulla deforestazione ai fornitori e ad altri rapporti commerciali rilevanti. Le relazioni a lungo termine con i partner commerciali possono aumentare la leva finanziaria per incoraggiare l'adozione di tale politica e migliorare la trasparenza.
- Includere condizioni e aspettative sulla due diligence in materia di deforestazione nei contratti con i fornitori o nei rapporti commerciali, codici di condotta dei fornitori o altre forme di accordi scritti, adattati alle capacità dei fornitori.
- Sviluppare e implementare processi di prequalificazione sulla due diligence in materia di deforestazione per i fornitori e altri rapporti commerciali, ove possibile, adattando tali processi ai rischi e alle circostanze specifici che devono affrontare.
- Fornire risorse adeguate, rafforzamento delle capacità e formazione ai fornitori e ad altri rapporti commerciali per aiutarli a comprendere e applicare la politica e attuare la due diligence in relazione alla deforestazione. Ciò potrebbe includere, ad esempio, un quadro di reporting standardizzato per i fornitori.
- Alcuni fornitori, come i piccoli agricoltori, avranno bisogno di livelli di sostegno maggiori rispetto ad altri.
- Cercare di comprendere e affrontare le barriere derivanti dal modo di fare affari dell'impresa che potrebbero impedire la capacità dei fornitori e di altri rapporti commerciali di attuare la politica di due diligence in relazione alla deforestazione, come le pratiche di acquisto dell'impresa e gli incentivi commerciali.

Le imprese possono trovarsi ad affrontare limitazioni pratiche e legali su come poter incidere o influenzare i rapporti commerciali per prevenire, cessare o mitigare gli impatti negativi sulle foreste o per porvi rimedio. Le imprese possono cercare di superare queste sfide per influenzare i rapporti commerciali attraverso accordi, requisiti di prequalificazione, patti di sindacato, accordi di licenza o franchising, e anche attraverso sforzi di collaborazione per unire le forze nelle associazioni di settore o nelle iniziative intersettoriali.

Anche i piani di attuazione sviluppati in coordinamento con i partner commerciali e coinvolgendo, ove opportuno, i governi locali e centrali, le organizzazioni internazionali, le comunità locali e la società civile, possono migliorare la conformità, in particolare offrendo sviluppo di capacità e formazione. Le associazioni di settore e le iniziative multilaterali possono spesso essere in grado di fornire supporto per molte delle fasi sopra descritte.

Stabilire sistemi di controllo lungo la catena di fornitura

La creazione di sistemi che consentano alle imprese di monitorare l'attuazione e gli impatti della propria politica sulla deforestazione è fondamentale per la credibilità e l'efficacia della politica e per buoni rapporti con le parti interessate, compresi investitori e governi.

Ciò comporta:

- Creare procedure di verifica per intraprendere revisioni periodiche, indipendenti e trasparenti del rispetto della politica; ciò può includere il coinvolgimento e il monitoraggio continui dei fornitori, nonché audit interni e di terze parti indipendenti (quest'ultimo è preferito laddove il rischio di associazione con la deforestazione è maggiore) e copre sia l'impresa che i suoi fornitori.
- Stabilire sistemi di monitoraggio e controllo per le catene di fornitura delle materie prime e dei prodotti che le imprese identificano come potenzialmente associati alla deforestazione. Ciò è descritto più dettagliatamente nella Fase 4 delle Linee guida OCSE-FAO (verifica della due diligence).

In genere, queste fasi avranno luogo contemporaneamente o subito dopo che l'impresa avrà iniziato a condurre la mappatura della catena di fornitura secondo la Fase 2 delle Linee guida OCSE-FAO (identificazione dei rischi).

Stabilire un meccanismo di reclamo a livello operativo, in consultazione e collaborazione con le parti interessate

Meccanismi di reclamo, che dovrebbero includere sia sistemi di allerta precoce e di consapevolezza del rischio che sistemi di reclamo, possono aiutare ad avvisare le imprese delle deviazioni dalla loro politica sulla deforestazione nelle loro attività o in quelle dei loro fornitori o in altri rapporti commerciali, aiutarle a identificare e mitigare i rischi, anche attraverso una migliore comunicazione con le parti interessate, e fornire un meccanismo per prevenire e risolvere i conflitti. I meccanismi di reclamo possono anche incorporare un canale per feedback e suggerimenti. Possono essere stabiliti a livello di progetto, impresa o settore. Le imprese possono sia stabilire i propri meccanismi di reclamo sia partecipare ad altri meccanismi di reclamo. È importante che i meccanismi di reclamo siano accessibili, soprattutto laddove opportuno, alle parti interessate locali, comprese le donne e altri gruppi vulnerabili ed emarginati. I reclami devono essere gestiti entro un periodo di tempo ragionevole e l'anonimato deve essere rispettato quando richiesto.

Suggerimenti per le PMI

- Decidere quale livello di impegno politico si è disposti ad adottare date le leggi nazionali e gli impegni internazionali, nonché gli impegni aziendali nei confronti dei clienti.
- Scegli le definizioni di "foresta" e "deforestazione" che desideri utilizzare e la/e data/e limite/i. (Le iniziative settoriali o le politiche e gli impegni di altre PMI possono fornire modelli utili).
- Decidere come rendere operativo l'impegno politico in base alle vostre esigenze finanziarie e risorse umane.
- Rendere noti i vostri impegni; ciò può avvenire tramite un impegno scritto o una dichiarazione autonoma o come parte della visione aziendale, della dichiarazione di valore o della politica di approvvigionamento responsabile.
- Partecipare a piattaforme multilaterali sui prodotti sostenibili che mirano a minimizzare la deforestazione attraverso l'azione collettiva.
- Menzionare i propri limiti e il proprio approccio alla determinazione delle priorità dei rischi, comprese le azioni che intraprenderete se scoprite che un partner commerciale si approvvigiona da aree deforestate.

Fase 2: individuare, valutare e stabilire un ordine di priorità ai rischi di deforestazione nella catena di fornitura

La Fase 2 delle linee guida OCSE-FAO riguarda l'esame della catena di fornitura e la mappatura dei rischi di deforestazione al suo interno, per consentire alle imprese di determinare le proprie priorità di intervento. Secondo le linee guida OCSE-FAO, le imprese sono tenute a identificare le aree generali in cui il rischio di impatti negativi è più significativo e a stabilire un ordine di priorità per (le azioni relative al) la due diligence. I fornitori ad alto rischio o i fornitori che operano in aree ad alto rischio richiederanno un maggiore controllo.

Figura 5. Individuare, valutare e stabilire un ordine di priorità ai rischi di deforestazione nella catena di fornitura

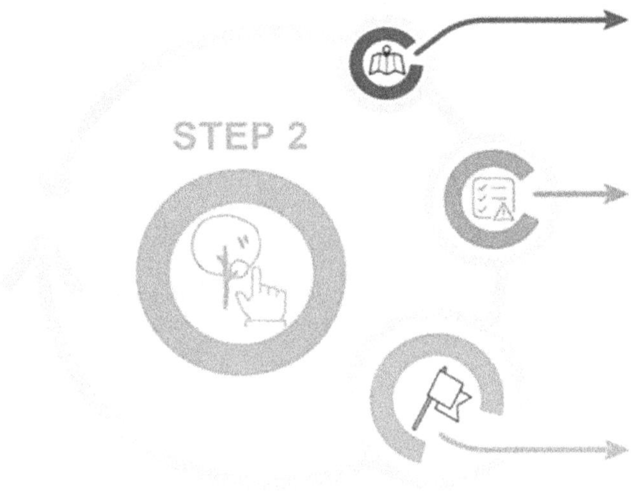

Domande strategiche per le imprese

Mappatura della filiera:

- Quali funzioni all'interno della nostra azienda sono responsabili della mappatura e della definizione delle priorità della catena di fornitura? Hanno la capacità e il budget per far fronte agli impegni aziendali sulla deforestazione?
- Di quali sistemi o processi disponiamo attualmente per mappare le nostre operazioni e catene di fornitura per identificare i rischi di deforestazione (ad esempio ricerca documentale, mappe termiche, questionari ai fornitori, dati satellitari, visite sul campo)?
    - Quanto a monte della nostra impresa abbiamo mappato la catena di fornitura?
    - Abbiamo un piano per mappare i punti chiave di controllo o di "strozzatura" all'interno di tali catene di fornitura che sono associati ad alti rischi di deforestazione? (Vedi Glossario)
    - Usiamo un approccio basato sul rischio per dare priorità a quali entità nella catena di fornitura e quali parti della filiera dovrebbero essere mappate dettagliatamente?
    - Stiamo garantendo che i nostri sforzi di identificazione si estendano a monte della produzione agricola?
    - Ci sono parti della catena di fornitura in cui la mappatura è ostacolata da una mancanza di trasparenza (ad esempio acquisti dal mercato spot)?
    - Cosa possiamo fare per aumentare la trasparenza (ad esempio, interagire con i fornitori, smettere di acquistare dal mercato spot, ecc.)?
- Quale livello di tracciabilità o catena di custodia possiamo adottare per i nostri prodotti?
- Da dove provengono le nostre informazioni (ad esempio sistemi/tracciamento interni, feedback dei fornitori, dati esterni, collaborazione con gruppi industriali, dati satellitari open source sulla deforestazione)?
    - Disponiamo di mappe aggiornate sulla copertura forestale e sui confini della deforestazione nelle aree dalle quali provengono i nostri prodotti e materie prime?
    - Quali funzioni/individui hanno la responsabilità di mappare i rischi di deforestazione e di mantenere informazioni di qualità? Facciamo affidamento su informazioni pubbliche esterne per questo o su un contratto con un fornitore specifico?
    - Quanto sono affidabili queste informazioni e come possiamo verificarle?
    - Quanto sono tracciabili le nostre materie prime e i nostri prodotti?
- Cosa stanno facendo i nostri partner per identificare i rischi della deforestazione? Come possiamo rafforzare, coordinare e razionalizzare tali informazioni nel nostro approccio?

Valutare e dare priorità alla catena di fornitura:

- Quali consideriamo e definiamo come i rischi di deforestazione più salienti o prioritari? Quali sono i nostri fornitori a più alto rischio o altri partner commerciali?
- Quali misure adottiamo per verificare i dati della nostra catena di fornitura e garantire che siano aggiornati? Lo facciamo? Triangoliamo dati, conduciamo visite ai fornitori o in loco, eseguiamo audit, utilizziamo dati/tecnologie in tempo reale, collaboriamo o scambiamo informazioni con gruppi industriali, ecc.?
- Rispetto a quali parametri di riferimento e standard valutiamo i rischi?

- Come valutiamo e diamo priorità ai rischi della deforestazione? Utilizziamo un sistema di "segnali d'allarme" (vedi sotto)?
- Forniamo sostegno agli agricoltori e alle imprese locali e in che forma questo viene fatto (ad esempio formazione, risorse, attrezzature)?

Mappare la catena di fornitura identificando i vari attori coinvolti, inclusi fornitori diretti e partner commerciali e i siti operativi

La mappatura e la definizione delle priorità dovrebbero iniziare con una panoramica di alto livello dei prodotti, dei servizi e dei fornitori dell'azienda. Questa fase del processo prevede la definizione delle fonti di tutte le materie prime e dei prodotti coperti dalla politica aziendale sulla deforestazione, al fine di comprendere ad alto livello i rischi associati alla loro produzione e fornitura. La portata delle informazioni raccolte su fornitori e partner commerciali dipende dalla gravità del rischio di deforestazione e da quanto siano strettamente collegate al rischio identificato.

La mappatura della catena di fornitura include identificare:

- L'origine delle materie prime o dei prodotti derivati da tali materie prime, compreso il paese di produzione, l'area di origine e, dove opportuno, l'appezzamento di terreno di produzione. Ciò può aiutare a identificare i paesi o le aree più a rischio di deforestazione e consentire all'impresa di concentrarsi su aree o fornitori ad alto rischio in modo più dettagliato. Il contesto giuridico e politico dell'area di origine può essere importante quanto le tendenze nella deforestazione o nella produzione agricola. Le imprese dovrebbero svolgere la due diligence nei luoghi che presentano uno o più di uno dei seguenti "segnali di allarme":
    - Aree definite o conosciute come aree protette, aree gestite collettivamente (sotto diritti di proprietà delle comunità locali o delle popolazioni indigene), aree ad alto valore di conservazione o aree ad alto stock dicarbonio (ad esempio foreste di torba).
    - Aree con alti livelli di povertà rurale e che dipendono dall'agricoltura come principale forma di reddito.
    - Aree in cui sono presenti comunità locali e popolazioni indigene
    - Aree considerate ad alto rischio di conflitto
    - Tutela debole dei diritti umani e dei diritti delle popolazioni indigene o diritti di proprietà fondiaria scarsamente definiti o impugnati (cfr. Riquadro 1)
    - Governance debole e attuazione dello Stato di diritto e corruzione
    - Bassi livelli di protezione delle foreste da parte dei governi nazionali o locali.

Riquadro 1. Questioni legate al possesso della terra

Le questioni relative al possesso della terra (incluso l'insieme implicito di diritti – dall'accesso alla proprietà) sono centrali nei dibattiti sul contrasto alla deforestazione. Una parte significativa delle restanti foreste tropicali del mondo sono abitualmente di proprietà di popolazioni indigene, comunità tradizionali e altri titolari di diritti consuetudinari. Le imprese che cercano di accedere alla terra per la produzione di beni devono rispettare i diritti di coloro che già la possiedono, la occupano o la utilizzano in altro modo. Possono acquisire l'accesso a tali terre solo attraverso un processo che preliminarmente riconosca tali diritti. A volte ciò può includere anche le autorità pubbliche nazionali o locali.

Dovrebbero essere riconosciuti anche i diritti di coloro che non hanno diritti formali di proprietà sulle terre; questo include quelli di affittuari, mezzadri, braccianti agricoli o coloro che hanno diritti informali di accesso e utilizzo della terra e delle risorse naturali. Questi diritti informali possono includere i diritti di proprietà delle donne, che vengono comunemente inclusi in quelli del capofamiglia maschio.

Il processo di riconoscimento dei diritti di proprietà pone spesso delle sfide. Potrebbe non essere sempre chiaro chi ha il titolo legale sulla terra, i diritti consuetudinari possono talvolta entrare in conflitto con i diritti statutari e i diritti statutari a volte potrebbero non essere in linea con gli obblighi internazionali in materia di diritti umani. Molti schemi di certificazione e altri strumenti (ad esempio, l'High Carbon Stock Approach), stabiliscono standard per rispettare il possesso della terra e processi per determinarlo, inclusa, ad esempio, la mappatura partecipativa effettuata congiuntamente dall'impresa e dalle comunità, sebbene la certificazione

Il consenso libero, preventivo e informato (FPIC) può essere un elemento importante in questo processo. Come stabilito nell'Allegato B delle Linee Guida OCSE-FAO, il FPIC prevede l'accordo di un processo di consultazione con le popolazioni indigene colpite; consultarsi e concordare cosa costituisca un consenso appropriato (tenendo conto della rappresentanza delle donne e di altri gruppi emarginati); e impegnarsi nel processo di ricerca del consenso prima dell'inizio delle attività (se il consenso viene dato). Si tratta di un processo iterativo e continuo piuttosto che di una discussione una tantum; il dialogo continuo genererà fiducia e un accordo equilibrato, o un non accordo, che andrà a beneficio dell'investimento in tutte le fasi del progetto, o fornirà una chiara indicazione che ciò non debba essere portato avanti (FAO, 2014[19]; FAO 2016 [20]).

Maggiori dettagli sulla governance responsabile del territorio sono disponibili nelle *Voluntary Guidelines on the Responsible Governance of Tenure of Land, Fisheries and Forests in the Context of National Food Security* approvate ufficialmente dal Comitato per la sicurezza alimentare mondiale nel 2012.

Oltre alle località con bandiera rossa, le aziende possono utilizzare un sistema di "segnali d'allarme" per:

- Settori o prodotti – materie prime spesso note per essere collegate alla deforestazione o al degrado forestale;
- Partner commerciali – fornitori noti per commerciare materie prime o fonti provenienti dalle foreste;
- Fornitori:
  - Noti per avere scarsi risultati in materia di deforestazione
  - Noti per aver acquistato materie prime da luoghi a rischio (vedi sopra)
  - Noti per operare in luoghi con bandiera rossa (vedi sopra)
  - Noti per non aver rispettato gli standard concordati a livello internazionale come quelli contenuti nella Guida OCSE-FAO.

Le aziende possono anche dare priorità a determinati prodotti, aree geografiche e fornitori per condurre valutazioni aggiuntive e più approfondite. Questo approccio aiuta le aziende a creare trasparenza lungo la catena di fornitura in aree, prodotti e fornitori prioritari.

Identificare i diversi attori coinvolti nella catena di fornitura, inclusi fornitori e partner commerciali e stabilire le priorità utilizzando un approccio basato sul rischio. Tali attività possono risultare impegnative se i prodotti vengono forniti tramite commercianti locali o sui mercati spot. La mappatura della catena di fornitura richiederà il dialogo con commercianti e fornitori, in particolare quelli che operano nei **punti di controllo o di strozzatura** della catena di fornitura. Le aziende possono individuare dei punti di controllo come i punti di lavorazione dove ci sono relativamente poche imprese che gestiscono la maggior parte degli input. Un esempio ne sono gli stabilimenti di trasformazione, i commercianti, i grossisti, gli esportatori e/o lo scambio di materie prime.

Ripetere questo processo prima di effettuare nuovi investimenti o perseguire attività commerciali che comportano cambiamenti nella catena di fornitura.

Stabilire un **sistema di controlli e trasparenza** lungo tutta la catena di fornitura prevede:

- Valutare il tipo e la qualità della tracciabilità della catena di fornitura o della catena di custodia offerta dai fornitori, ed eventuali reclami o lamentele presentati contro qualsiasi attore della catena di fornitura, compresi fornitori e partner commerciali.
- Approcci alla tracciabilità che prevedono di rintracciare l'origine; rintracciabilità verso un fornitore che dispone di un proprio solido sistema di tracciabilità e di due diligence (con l'azienda a valle responsabile della valutazione di solidità di questo sistema); risalire a una giurisdizione che possa dimostrare un rischio trascurabile di deforestazione legata alle materie prime nell'intera giurisdizione; e utilizzare un sistema di certificazione o catena di custodia credibile.

La portata delle informazioni raccolte su fornitori e partner commerciali dipende dalla gravità del rischio di deforestazione e da quanto essi siano strettamente collegati al rischio identificato. Per le aree ad alto rischio di deforestazione sarà necessario un livello più elevato di tracciabilità o catena di custodia a livello di azienda agricola; in alcune aree questo sarà impegnativo. Il potenziale divario tra il livello di rischio di deforestazione e la granularità delle informazioni sull'area di produzione dovrà essere preso in considerazione nella definizione della strategia di mitigazione del rischio.

Esistono diversi sistemi di tracciabilità, compresi quelli utilizzati in molti schemi di certificazione (vedere l'Allegato A per ulteriori informazioni sugli schemi di certificazione). A seconda della granularità delle informazioni monitorate, offrono diversi livelli di certezza riguardo al legame tra le materie prime e il luogo di produzione e quindi al rischio di deforestazione:

- Secondo il modello di preservazione dell'identità, i prodotti provenienti da un'unica fonte certificata identificabile sono tenuti separati dai prodotti non certificati e dai prodotti certificati provenienti da altre fonti, lungo tutta la catena di fornitura. L'appezzamento di terreno di produzione è noto.
- Secondo il modello segregato, i prodotti certificati provenienti da diverse fonti certificate vengono mischiati insieme ma tenuti separati dai prodotti non certificati.
- Nel modello del bilancio di massa, i prodotti certificati vengono mischiati con prodotti non certificati ma le proporzioni sono monitorate a livello amministrativo; gli utenti possono pubblicizzare il proprio prodotto come parzialmente certificato (o misti), solitamente con una cifra percentuale specifica.
- Nel modello book-and-claim i prodotti certificati non vengono tenuti separati, ma i fornitori di prodotti certificati vendono crediti agli utenti; anche se l'utente potrebbe non utilizzare effettivamente alcun prodotto certificato, contribuisce comunque ai costi di una produzione responsabile.

Il Riquadro 2 elenca le tipologie e alcune potenziali fonti di informazione necessarie alle imprese per questi scopi.

Riquadro 2. Tipologie e potenziali fonti di informazione per mappare la catena di fornitura e valutare i rischi di deforestazione

Tipi di informazioni:

- Nomi e ubicazioni di agricoltori, commercianti locali, trasformatori e qualsiasi altra impresa nella filiera a cui un'azienda più a valle vuole ricondursi
- Volumi medi di produzione delle aziende agricole o dell'area giurisdizionale che forniscono i prodotti, da rilevare possibili perdite tra aree produttive a diverso rischio di deforestazione
- Dati relativi alla produzione e al commercio nazionale della merce in questione; ciò può aiutare a individuare possibili perdite di prodotti, come le importazioni nascoste da un paese terzo in aree di fornitura vicine ai confini
- Informazioni sugli impianti di lavorazione (ad es. frantoio per l'olio di palma, aree di fornitura del frantoio per la soia)
- Laddove opportuno, dati di geolocalizzazione (coordinate geografiche) dell'appezzamento di terreno su cui vengono coltivati i prodotti, tramite coordinate puntuali o mappatura poligonale dell'appezzamento di produzione, confini dell'azienda agricola o area più ampia, come villaggio, paesaggio o Giurisdizione
- Database di mappatura e registrazione delle aziende agricole
- Quadri giuridici per la produzione di materie prime e prodotti acquistati dall'azienda e per la conversione delle foreste nei paesi di produzione, livelli di governance e applicazione della legge, conformità alla legalità, rispetto dei diritti umani e dei diritti fondiari e corruzione
- Dati relativi allo schema di certificazione, inclusi, ad esempio, volumi di prodotti completamente certificati e di prodotti certificati secondo criteri più limitati
- Analisi visive, isotopiche o del DNA dei campioni (queste possono aiutare a distinguere tra specie, ad esempio per il legname, e, per alcuni prodotti, tra diverse origini geografiche)

Potenziali fonti:

- Ordini di acquisto e fatture, numeri di lotto di merci e prodotti
- Questionari sui fornitori, compresi i loro subfornitori
- Visite in loco alle aree di produzione, lavorazione e stoccaggio
- Programmi aziendali e di associazioni di settore, sintesi pubbliche dei rapporti di audit e dichiarazioni o etichette sui prodotti, compresi programmi di certificazione volontaria e verifica della legalità
- Informazioni generate attraverso approcci giurisdizionali o paesaggistici
- Fornitori di telerilevamento privati o pubblici
- Mappatura della catena di fornitura e strumenti di trasparenza, ad esempio TRASE, SPOTT, FLEGT IMM, Open Timber Portal, fornitori commerciali, iniziative settoriali, progetti di cooperazione
- Sistemi di tracciabilità, ad esempio sistemi di tracciabilità commerciali o nazionali, Monitoraggio Forestale Indipendente), Sistemi di Garanzia della Legalità del Legno

- Strumenti specifici per monitorare e valutare il rischio di deforestazione, ad esempio Global Forest Watch
- Statistiche sull'agricoltura e sul commercio provenienti da banche dati nazionali o internazionali, ad esempio FAOSTAT, UN Comtrade; registri catastali e altre fonti di dati fondiari come Land Matrix o Open Land Contracts
- FAOLEX (un database legislativo e politico completo)

Nota: tutte le iniziative sopra elencate affrontano la deforestazione secondo diversi modelli o approcci; si dovrebbe sempre fare uno sforzo per verificarne l'attendibilità

Valutare i rischi di deforestazione associati a prodotti, beni, servizi, fornitori e aree di approvvigionamento

Una volta identificate le fonti delle materie prime e dei prodotti coperti dalla politica di deforestazione dell'impresa e conosciuta l'area di approvvigionamento, diventa possibile valutare il rischio che la loro produzione sia stata associata alla deforestazione.

Probabilità e gravità. La significatività di un impatto negativo dipende dalla sua probabilità e dalla sua gravità. La gravità degli impatti può essere analizzata in base alla loro portata, dimensione e carattere irrimediabile:

- La portata dell'impatto negativo caratterizza la gravità dell'impatto sulle foreste nel loro insieme o su particolari tipi di foreste (ad esempio aree protette, aree ad alto valore di conservazione, aree ad alto stock di carbonio) o l'entità dei cambiamenti nella composizione delle specie arboree.
- La dimensione riguarda la portata dell'impatto, ad esempio l'entità del danno alla foresta per la superficie totale o per gli impatti su aree o specie specifiche.
- Per carattere irrimediabile si intende qualsiasi limite alla capacità di riportare la foresta, o le specie che dipendono dalla foresta, o le persone che vivono, lavorano o dipendono da essa, ad una situazione equivalente a quella in cui si trovavano prima dell'impatto negativo. Un'attenzione particolare dovrebbe essere prestata alle sfide sostanziali legate al ripristino dei valori e delle funzioni sociali e ambientali di una foresta.

Il processo di definizione delle priorità è in corso e in alcuni casi potrebbero verificarsi impatti negativi nuovi o emergenti a cui verrà assegnata la priorità prima di passare agli impatti meno significativi.

La valutazione del rischio dovrebbe combinare informazioni su:

- Estensione e tipo di copertura forestale nell'area di approvvigionamento
- Tendenze della deforestazione in quest'area (in generale, non solo per prodotti specifici)
- Informazioni sulle cause dirette della deforestazione
- Informazioni sui fattori indiretti della deforestazione
- Livelli di tracciabilità
- Complessità della catena di fornitura

Maggiore è l'entità e il rischio della deforestazione, maggiore sarà il livello di dettaglio necessario. Laddove il rischio è molto basso, una valutazione a livello nazionale o regionale può essere adeguata; dove è più elevato, la valutazione dovrà concentrarsi su aree più piccole e potrebbe richiedere informazioni dettagliate sulla geolocalizzazione a livello di azienda agricola. Affrontare eventuali lacune informative per le aree di origine ad alto rischio dovrebbe essere una priorità assoluta.

Copertura forestale. Ciò dovrebbe includere valutazioni della vicinanza dei fornitori ai restanti terreni forestali all'interno dell'area di fornitura (anche all'interno delle stesse aziende agricole) e adiacenti ad essa, che dovrebbero aiutare l'impresa a valutare il rischio di futura deforestazione. Ad esempio, una regione con bassi tassi di deforestazione ma con una quantità significativa di foreste esistenti presenta un rischio maggiore rispetto a una regione con tassi di deforestazione precedentemente elevati ma senza foreste.

Tendenze della deforestazione. È ora disponibile una vasta gamma di fonti di informazione sui tassi e sull'incidenza della deforestazione (cfr. Riquadro 3 e glossario). I fronti di deforestazione si muovono nel tempo e le loro dinamiche non sono lineari. Il rischio di deforestazione nelle aree di fornitura (che a loro volta possono cambiare spesso) dovrebbe quindi essere aggiornato regolarmente e si dovrebbe prendere in considerazione l'uso di servizi di allerta sulla deforestazione.

Fattori diretti. Un fattore diretto della deforestazione è la causa diretta della perdita di foreste e il conseguente cambio d'uso del suolo. La stima della probabilità che la conversione delle foreste in terreni coltivati o pascoli sia causata dall'estensione della produzione del bene utilizzato dall'impresa è un elemento chiave della valutazione del rischio.

Fattori sottostanti/indiretti. I fattori indiretti, a volte chiamati fattori sottostanti, includono le cause politiche, legali, economiche, sociali o contestuali che inducono il cambiamento dell'uso del suolo. Ad esempio, se le prove dimostrano che un aumento della domanda e/o un aumento dei prezzi per un prodotto specifico hanno portato alla deforestazione, e le previsioni commerciali indicano che questa tendenza persisterà, allora il rischio di deforestazione rimarrà elevato. Per fare un altro esempio, dove gli standard di governance delle foreste e dell'uso del territorio e di applicazione della legge sono deboli, il rischio di deforestazione sarà maggiore rispetto a dove sono più forti.

La complessità della catena di fornitura, compreso il numero di passaggi intermedi al suo interno, e il rischio di mescolare prodotti provenienti da fonti sconosciute o potenzialmente ad alto rischio. Ciò include l'identificazione dei vari attori coinvolti nella catena di fornitura, inclusi fornitori e partner commerciali. Questo è importante: maggiore è il numero di anelli della catena, maggiore è il rischio, poiché ogni anello aumenta potenzialmente la possibilità che prodotti associati alla deforestazione entrino nelle forniture. Anche il tipo di collegamenti – ad esempio i commercianti intermediari che si approvvigionano direttamente dalle aziende agricole e vendono le materie prime all'anello successivo della catena di fornitura – sono importanti, in particolare quando la merce viene ottenuta da un gran numero di fonti come i piccoli agricoltori, che potrebbero aver bisogno di supporto nel conformarsi alla politica aziendale.

Laddove non sia possibile affrontare tutti gli impatti identificati, un'impresa dovrebbe dare priorità alle azioni in base alla gravità e alla probabilità dell'impatto negativo. Una volta identificati e affrontati gli impatti più significativi, l'impresa dovrebbe passare ad affrontare gli impatti meno significativi.

Riquadro 3. Potenziali fonti di informazione sulla deforestazione e sulle cause della deforestazione

- Telerilevamento tramite dati satellitari o radar, ad esempio Global Forest Watch, Terra-i, Centro per l'osservazione e la scienza delle risorse terrestri (EROS); sistemi nazionali (es. PRODES, Brasile; Mapbiomas; IDEAM, Colombia; Geobosques, Perù)
- Valutazioni sullo stato della governance e delle forze dell'ordine nel paese di origine, ad esempio gli indicatori di governance mondiale della Banca mondiale, l'indice di percezione della corruzione di Transparency International o l'indice di Freedom House
- Avvisi sulla deforestazione, ad esempio avvisi GLAD Global Forest Watch, avviso RADD Forest Disturbance

- Serie FAO sulla Valutazione delle Risorse Forestali
- Comunità locali, popolazioni indigene e organizzazioni della società civile; Monitoraggi forestali indipendenti o comunitari (consentire ai membri della comunità di agire come monitoraggi forestali può essere un modo efficace per raccogliere dati e lanciare l'allarme sulla deforestazione)
- Valutazione del rischio nazionale o paesaggistico, ad esempio quelle condotte da LandScale
- Informazioni raccolte attraverso meccanismi di allerta precoce e reclamo
- Studi sui fattori che determinano la deforestazione, rapporti di misurazione, reporting e verifica (MRV), ad esempio nelle strategie nazionali REDD+
- Strumenti forniti dalla società civile, ad esempio la Cocoa Accountability Map di Mighty Earth.
- Per ulteriori risorse consultare l'Allegato A.

Valutazione del rischio: quali tipologie esistono e chi fa cosa?

Sono possibili diversi tipi e livelli di valutazione del rischio.

- **Valutazione del rischio contestuale**: a livello nazionale o regionale, valutando il quadro normativo, contesto politico, libertà civile e ambiente socioeconomico.
- **Le valutazioni dei rischi a livello di sito** mirano a comprendere le circostanze effettive delle operazioni dei partner commerciali al fine di valutare la portata, la gravità e la probabilità dei rischi a livello di sito. Le valutazioni possono includere il controllo dei volumi di materie prime prodotte in aree particolari rispetto ai volumi consentiti, l'avvio di consultazioni con le parti interessate, il monitoraggio da parte di terzi come le organizzazioni della società civile e l'organizzazione di visite alle aziende agricole e/o agli impianti di lavorazione.
- **Le imprese a monte** (come aziende agricole e piantagioni) possono istituire gruppi di valutazione sul campo per generare e condividere informazioni verificabili, affidabili e aggiornate sull'entità della deforestazione. Queste imprese devono inoltre garantire il rispetto dei legittimi titolari dei diritti di proprietà fondiaria (cfr. Riquadro 1). Dovrebbero fornire i risultati delle loro valutazioni del rischio alle imprese a valle.
- **Le imprese a valle** non dovrebbero solo identificare i rischi nelle proprie attività ma anche, al meglio dei propri sforzi, valutare i rischi affrontati dai propri fornitori e subfornitori. Possono valutare questi ultimi valutando la due diligence svolta dai loro fornitori o valutando direttamente le operazioni dei loro fornitori, ad esempio effettuando visite alle aziende agricole e alle comunità locali. Strumenti come gli avvisi sulla deforestazione possono aiutare a controllare a campione le operazioni dei fornitori per individuare potenziali associazioni con la deforestazione. Dovrebbero essere ricercate informazioni sia sui sistemi dei fornitori che sui volumi di prodotti che forniscono. Partecipare a programmi di settore che valutano la conformità dei partner commerciali alle politiche di deforestazione e fornire informazioni pertinenti può supportare queste valutazioni.
- **Le imprese finanziarie** dovrebbero esercitare la due diligence nei confronti dei propri clienti e investimenti. La natura e la portata della due diligence dipenderanno dalle dimensioni e dalla natura del portafoglio di investimenti dell'impresa e dalla sua relazione con clienti e investimenti specifici (ad esempio, la quota di proprietà della società, la durata dell'investimento, l'accesso alle informazioni rilevanti e la probabilità che possa essere esercitata un'influenza significativa). Laddove le imprese finanziarie hanno un gran numero di clienti e di società partecipate, sono invitate a dare priorità agli sforzi sulla base delle valutazioni del rischio. Le imprese finanziarie dovrebbero cercare di dare priorità agli impatti più gravi legati alla deforestazione ai fini della due diligence, continuando al tempo stesso a monitorare i rischi, a valutare le decisioni relative alla definizione delle priorità e a basarsi sulle proprie azioni nella misura possibile e necessaria nel tempo, per coprire una gamma più ampia di clienti, società partecipate e azioni.

Suggerimenti per le PMI

Tutte le PMI:

- Identificare il focus sui prodotti e stabilire di conseguenza la priorità dei propri sforzi di mappatura.
- Creare un elenco dei fornitori diretti e indiretti (esternalizzati) e identificare quali potrebbero richiedere maggiori controlli/ azioni di due diligence in termini di deforestazione (per geografia/ubicazione, tipo di merce, parti della catena di fornitura, dimensione dell'azienda).
- Le informazioni sui fornitori diretti e indiretti possono essere raccolte in una varietà di modi diversi per ridurre al minimo i costi, inclusa la ricerca documentale utilizzando informazioni esistenti divulgate pubblicamente online, lavorando con iniziative di terze parti o schemi di certificazione, lavorando collettivamente come parte di associazioni di settore. Alcune collaborazioni industriali consentono alle PMI di condividere la valutazione del rischio, la tracciabilità e talvolta il monitoraggio delle informazioni.
- Chiedere ai vostri fornitori diretti di inviarvi informazioni sulle loro pratiche di due diligence, pratiche di approvvigionamento e politiche di deforestazione; valutare tali approcci per comprendere meglio quali fornitori potrebbero non disporre di misure efficaci per considerare i rischi di deforestazione.
- Considerare l'idea di effettuare chiamate regolari o effettuare check-in con i fornitori a monte che operano nei punti di controllo della catena di fornitura per comprendere meglio come stanno identificando, prevenendo e mitigando gli impatti della deforestazione nelle materie prime a cui hai dato priorità.

Inoltre, le PMI a monte possono:

- Sapere da dove proviene il loro prodotto e come viene coltivato e acquistato; potrebbe essere più fattibile concentrarsi su particolari paesaggi di origine piuttosto che su aree più ampie.
- Tenere incontri con cooperative, agricoltori o altri produttori, popolazioni indigene e comunità locali, che sono in prima linea nei rischi legati alla produzione e alla deforestazione.
- Aumentare la loro influenza: collaborare con altre PMI che si riforniscono dagli stessi produttori per identificare e dare priorità ai rischi di deforestazione nel settore.
- Chiedere consulenza e informazioni ad associazioni imprenditoriali, sistemi di certificazione (privati o nazionali), organizzazioni internazionali (ad esempio OCSE, FAO, UNEP), enti governativi, ONG, sindacati e iniziative multilaterali pertinenti.

Fase 3: Progettare e implementare una strategia per fronteggiare la deforestazione

La Fase 3 delle Linee Guida OCSE-FAO riguarda la risposta ai risultati dei rischi di deforestazione attraverso il reporting al senior management designato e la progettazione e l'adozione di un piano di gestione del rischio. Il piano dovrebbe comprendere adeguate misure di mitigazione e prevenzione del rischio. Le imprese dovrebbero garantire che i rischi siano affrontati e che stiano adottando misure per affrontare gli impatti negativi che si sono verificati.

Figura 6. Progettare e implementare una strategia per rispondere alla deforestazione

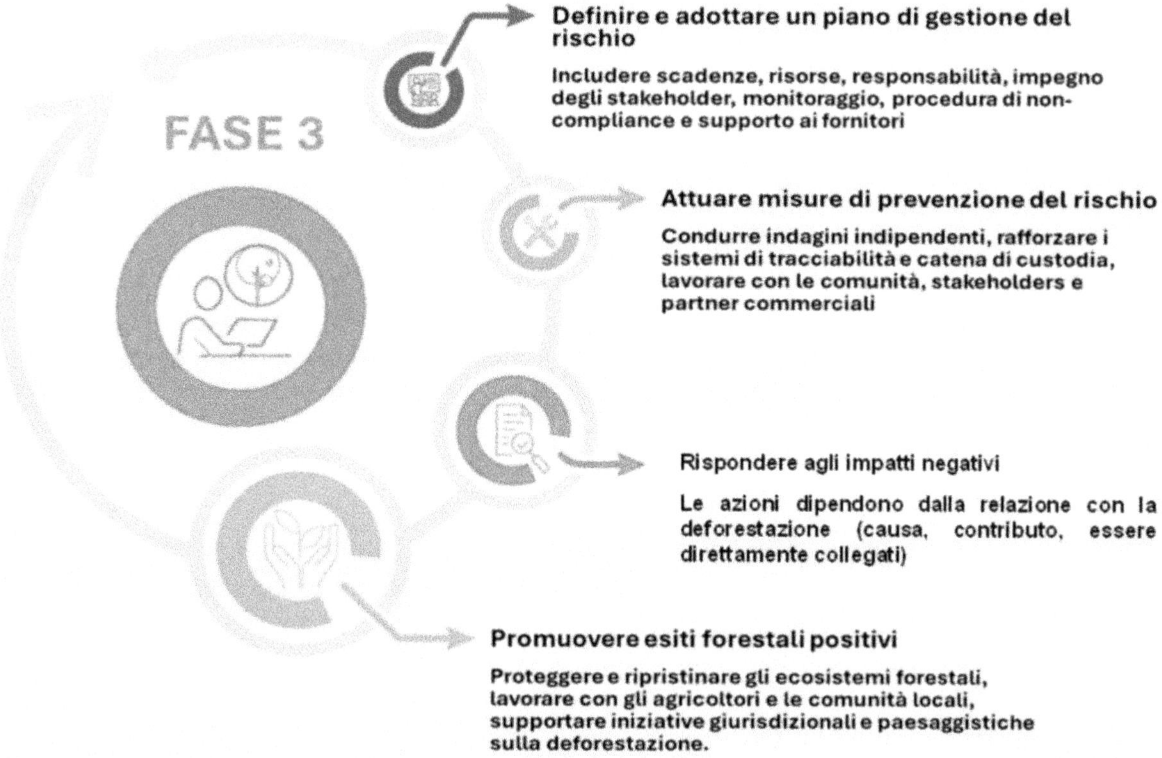

Domande strategiche per le imprese

Progettare la strategia

- Disponiamo di una strategia con azioni chiare per rispondere ai rischi di deforestazione identificati? Quanto spesso dobbiamo aggiornarla?
- Quali attività abbiamo la capacità di intraprendere in risposta ai rischi e agli impatti della deforestazione e alle eventuali normative future?
- Come ci siamo impegnati con gli stakeholder esterni nello sviluppo della nostra strategia?
- Come possiamo garantire che la nostra strategia sia aggiornata e funzionante, ad esempio attraverso un processo di revisione annuale o la collaborazione con gli operatori del settore?
- In che misura possiamo lavorare direttamente con i produttori? Di quale assistenza e sostegno hanno bisogno (con particolare attenzione ai piccoli proprietari terrieri indipendenti e a contratto)?
- Capiamo quando dobbiamo offrire un rimedio (ad esempio nei casi "causa")? Abbiamo considerato i tipi di rimedio che potremmo offrire?
- Quali passi possiamo intraprendere per innovare i nostri piani di mitigazione del rischio? Le questioni includono il ruolo della tecnologia, la collaborazione intersettoriale, l'impegno con i governi nelle diverse fasi della catena di fornitura, l'impegno con le popolazioni indigene e le comunità locali.

Attuazione della strategia

- Chi all'interno della nostra azienda è responsabile dell'attuazione di questa strategia?
- Abbiamo identificato le persone in ciascun dipartimento responsabili di fare la propria parte per ridurre il rischio individuato? Come viene tenuto informato il Consiglio delle nostre azioni?
- Abbiamo una presenza nazionale o regionale oppure dovremo coinvolgere una terza parte per implementare le attività per nostro conto? Con quale frequenza riferiscono sui progressi?
- Quali misure possiamo adottare per aumentare l'influenza complessiva nella catena di fornitura per modificare il comportamento commerciale dei fornitori e affrontare le cause profonde della deforestazione (ad esempio, stiamo collaborando con governi e organizzazioni nei paesi produttori, compresi i punti di contatto nazionali dell'OCSE per l'RBC e i punti focali dei paesi FAO)?
- In che misura abbiamo bisogno di partner esterni per creare un impatto sul campo?
- Come vengono misurati e premiati i progressi e l'impatto della nostra strategia di mitigazione del rischio?

Definire e adottare un piano di gestione del rischio

Dopo aver valutato il rischio di associazione delle attività aziendali e delle catene di fornitura con la deforestazione, la fase successiva consiste nel cessare di causare danni o mitigare il rischio e prevenire rischi futuri. Tutte le misure e i processi correlati dovrebbero essere definiti in un piano di gestione del rischio; potrebbero essere necessari piani separati per merci diverse o aree di fornitura diverse. Il Riquadro 4 include potenziali misure di prevenzione dei rischi che possono aiutare a gestire il rischio di deforestazione nelle operazioni e nelle catene di fornitura dell'impresa, e le aziende dovrebbero fare riferimento alle Linee guida OCSE-FAO per maggiori dettagli.

Riquadro 4. Misure di prevenzione dei rischi

Le misure di prevenzione dei rischi a disposizione delle imprese dipenderanno dalla loro posizione nella catena di fornitura e dalla loro capacità; alcune delle misure riportate di seguito sono applicabili principalmente ai produttori e alcune alle imprese che si approvvigionano direttamente dai produttori.

Le misure per migliorare la trasparenza e il livello di informazioni disponibili includono:

- Richiedere più di una fonte di informazioni sui prodotti (vedere Riquadro 2 e Riquadro 3)
- Intraprendere sondaggi o audit indipendenti delle aree di origine e/o dei partner commerciali
- Commissionare un audit indipendente del sistema di due diligence dell'impresa
- Condurre audit dei sistemi di due diligence dei fornitori, concentrandosi sui loro sistemi per identificare e affrontare i rischi di deforestazione
- Rafforzare la tracciabilità o i sistemi di catena di custodia e interagire con i punti di controllo nelle catene di prodotti chiave
- Consentire ai membri della comunità locale di agire come osservatori delle foreste
- Utilizzare schemi di certificazione (con un'attenta valutazione dell'effettiva considerazione della protezione delle foreste nello schema selezionato)
- Condividere potenzialmente informazioni sui rischi e sulle strategie di mitigazione del rischio con altre aziende attraverso associazioni di settore o piattaforme pubblico-private; ciò sarà probabilmente di particolare valore per le PMI
- Comunicare regolarmente con i punti di contatto nazionali dell'OCSE per l'fase.

Le misure per coinvolgere i fornitori includono il miglioramento della consapevolezza e l'offerta di assistenza e incentivi, in particolar modo per i piccoli agricoltori, soprattutto quelli colpiti da qualsiasi data limite per la deforestazione che l'azienda sta implementando o che viene richiesta dalla normativa.

- Fornire sostegno finanziario, contratti a lungo termine
- Pratiche di acquisto responsabili
- Migliori termini di pagamento
- Accesso ad esperti forestali o esperti di due diligence
- Rafforzamento delle capacità e formazione. A volte tale sostegno può essere fornito meglio dalle ONG locali o altre organizzazioni

Il piano di gestione del rischio dovrebbe specificare:

- Tempistiche per lo sviluppo di ciascuna delle misure e dei processi da adottare.
- Risorse da mobilitare, anche di bilancio (per viaggi, fornitura dati, tracciabilità sistema, ecc.) e umani (esperti forestali e giuristi, per esempio).
- Ruoli e responsabilità all'interno dell'impresa per l'attuazione delle misure di gestione (ad esempio, chi nel Consiglio di amministrazione potrebbe essere una risorsa per rispondere ai problemi di deforestazione, partecipazione di team agli appalti, responsabili regionali delle aree che includono luoghi a rischio, ecc.?).
- Procedure per la consultazione con le parti interessate, inclusi partner commerciali, governi, comunità interessate e società civile nei paesi di origine, per chiarire le preoccupazioni e concordare la strategia per mitigare i rischi e le opportunità nelle politiche e nella strategia di deforestazione a livello aziendale .

- Sistemi di monitoraggio per valutare l'attuazione del piano e i suoi impatti (incluso, ad esempio, l'accesso a dati disponibili al pubblico/monitoraggio satellitare delle foreste, indicatori/dati da raccogliere dai fornitori) e processi di reporting al senior management designato.
- Procedure da seguire in caso di non conformità da parte dei fornitori e piani di follow-up quali sensibilizzazione, formazione sul rilevamento e reporting sulla deforestazione.
- Procedure per sostenere i produttori, in particolare i piccoli proprietari, con attenzione all'inclusione di genere e sociale.

Rispondere agli impatti negativi: implementare il piano di gestione del rischio, monitorare e tenere traccia delle performance

Il modo in cui un'impresa risponde agli impatti negativi dipenderà dalla misura in cui li provoca, vi contribuisce o è direttamente collegata ad essi. Nel caso specifico della deforestazione, ciò significa quanto segue:

Se l'impresa causasse la deforestazione, dovrebbe cessare le attività che causano la deforestazione, prevenire ulteriori potenziali impatti negativi e fornire rimedi ai reali impatti negativi causati. Ciò potrebbe comportare la sospensione temporanea delle operazioni, intraprendendo sforzi misurabili per prevenire futuri impatti negativi, o la sospensione permanente delle operazioni se tali impatti non possono essere mitigati.

Laddove esercizi di valutazione e mappatura rilevano che l'impresa abbia contribuito alla deforestazione, dovrebbe cessare e fornire rimedi rispetto al suo operato e utilizzare la propria influenza sui propri partner commerciali per mitigare eventuali impatti negativi rimanenti. Ciò potrebbe comportare la sospensione temporanea delle operazioni. L'impresa dovrebbe inoltre adottare misure preventive per garantire che questi impatti negativi non si verifichino.

Se l'impresa non ha contribuito alla deforestazione, ma un impatto osservato è stato comunque direttamente collegato alle sue operazioni, prodotti o servizi attraverso un rapporto commerciale, dovrebbe utilizzare la propria influenza per mitigare o prevenire l'impatto negativo, ad esempio richiedendo modifiche nel piano degli investimenti per garantire la preservazione delle foreste e l'incoraggiamento di pratiche di produzione sostenibili. Ciò può portare ad un disimpegno da parte di un partner commerciale dopo tentativi falliti di mitigazione dei rischi o quando la mitigazione del rischio è ritenuta non fattibile o inaccettabile.

Laddove sia possibile, continuare il rapporto e dimostrare una prospettiva realistica o un effettivo miglioramento nel corso del tempo, tale approccio sarà spesso preferibile al disimpegno. L'impresa dovrebbe inoltre tenere conto dei potenziali impatti negativi sociali, ambientali ed economici legati alla decisione di disimpegnarsi. Quando decidono di disimpegnarsi, le imprese dovrebbero farlo in modo responsabile, anche cercando una consultazione significativa con le parti interessate in modo tempestivo e, ove possibile, adottando misure ragionevoli e appropriate per prevenire o mitigare gli impatti negativi legati al loro disimpegno.

I fattori rilevanti per determinare la risposta appropriata includono: la gravità dell'impatto negativo, la capacità dell'impresa di influenzare e/o esercitare influenza sul partner commerciale o su altri attori rilevanti (ad esempio il governo) e quanto sia cruciale il partner commerciale per l'azienda. (se fosse fondamentale, l'impresa dovrebbe aumentare i propri sforzi per cambiare il comportamento del partner; laddove è meno cruciale, il disimpegno può essere un'opzione migliore). Le imprese hanno a disposizione un'ampia gamma di misure per mitigare gli impatti negativi della deforestazione, a seconda della posizione dell'impresa nella catena di fornitura. Ove possibile, dovrebbero includere misure che ottengano impatti positivi sulle foreste, sui lavoratori e sulle comunità che dipendono da esse – quelle che a volte vengono definite azioni "forest-positive" (azioni positive sulle foreste).

Rispondere agli impatti della deforestazione e promuovere risultati positivi per le foreste

Le azioni per proteggere e ripristinare le foreste includono:

- Identificare le aree di rischio futuro per le foreste all'interno o in prossimità delle catene di fornitura dell'impresa e coinvolgere i fornitori affinché adottino azioni preventive. Ciò potrebbe includere, ad esempio, il coinvolgimento degli agricoltori per capire perché potrebbe verificarsi la deforestazione e quali misure potrebbero essere adottate per garantire che ciò non avvenga.
- Investire in programmi che promuovano la conservazione delle foreste e la produzione agricola sostenibile pratiche come l'agro-forestazione e le colture consociate.
- Sostenere il ripristino dell'ecosistema forestale nelle aree forestali degradate e il ripristino e l'uso sostenibile dei terreni incolti o degradati.
- Scegliere di acquistare da fornitori che stanno implementando essi stessi pratiche positive per le foreste, tra cui la conservazione e il ripristino delle foreste, promuovendo al tempo stesso mezzi di sussistenza sostenibili.
- Premiare tali fornitori acquistando i loro beni a prezzo maggiorato, acquistando quantità maggiori o stipulando contratti a lungo termine.

La collaborazione con gli agricoltori, le cooperative agricole e le comunità locali, che svolgono un ruolo centrale nella gestione della conservazione e del ripristino delle foreste, potrebbe includere:

- Assumere e comunicare impegni espliciti al rispetto dei diritti delle popolazioni indigene e delle comunità locali (vedere Allegato B della Guida OCSE-FAO: impegno con le popolazioni indigene. (OCSE-FAO, 2016[1])
- Raccogliere informazioni sul possesso della terra (sia diritti legali che consuetudinari) all'interno delle operazioni e delle catene di fornitura dell'impresa e di quelle dei suoi fornitori, e adottare misure per garantire che queste non siano influenzate negativamente dalle operazioni dell'impresa.
- Sostenere l'innovazione e lo sviluppo di capacità per migliorare la produttività agricola e sistemi di produzione diversificati, compresi i sistemi agroforestali e di gestione agricola, al fine di contribuire a ridurre la povertà e soddisfare le esigenze di sicurezza alimentare della comunità senza espandersi in aree forestali.
- Fornire sostegno agli agricoltori, in particolare ai piccoli proprietari, nell'adozione di innovazioni agricole e di tecniche e tecnologie sostenibili e positive per le foreste, in modo che i redditi siano rafforzati, le aziende agricole siano più produttive e resilienti e le foreste restino in piedi.
- Pagare agli agricoltori e alle organizzazioni agricole (come le cooperative e le organizzazioni di donne produttrici) prezzi equi per i loro prodotti, con l'obiettivo di contribuire al raggiungimento di redditi dignitosi – potenzialmente legati alla performance nella riduzione della deforestazione e del degrado forestale, adottando tecniche di produzione sostenibili, e impegnarsi nel ripristino dell'ecosistema forestale.
- Sostenere iniziative di sostentamento dei piccoli proprietari terrieri che garantiscano la conservazione delle foreste e la resilienza e l'inclusione degli agricoltori, anche attraverso contratti a lungo termine, pratiche di acquisto responsabili, rafforzamento di strutture organizzative come le cooperative, implementazione di sistemi di tracciabilità e sostegno finanziario.
- Incoraggiare e sostenere iniziative locali, coinvolgendo agricoltori, comunità locali, popolazioni indigene, donne e altri gruppi emarginati, industria locale e governo, per sviluppare e implementare soluzioni locali.

- Collaborare con il governo locale per promuovere congiuntamente condizioni quadro favorevoli per una produzione senza deforestazione, come il chiarimento e il riconoscimento dei diritti fondiari e la fornitura di un sostegno mirato da parte dei responsabili della divulgazione agricola.
- Partecipare o sviluppare sistemi di pagamento per i servizi ecosistemici.

Il sostegno a iniziative paesaggistiche e giurisdizionali per contribuire ad affrontare le cause profonde della deforestazione in particolari regioni potrebbe includere:

- Contribuire allo sviluppo di strategie positive per le foreste in un intero paesaggio o giurisdizione: le misure includono il miglioramento della pianificazione dell'uso del territorio, l'identificazione delle aree vietate, il rafforzamento del monitoraggio delle foreste da parte delle autorità pubbliche e/o delle comunità locali, l'aiuto alle aziende a evitare la deforestazione e a gestire le aree protette.
- Contribuire a promuovere la collaborazione tra il settore privato all'interno del contesto o della giurisdizione, e con i governi, le comunità, le popolazioni indigene e le fonti di sostegno finanziario e di investimento.
- Sostenere gli osservatori forestali locali e i difensori ambientali.
- Sostenere le iniziative e le parti interessate impegnate nel miglioramento dell'applicazione della legge.
- Sostenere ed esercitare pressioni per ottenere dei miglioramenti nel più ampio contesto possibile, tra cui, ad esempio, una maggiore trasparenza della catena di fornitura, tracciabilità e sistemi di monitoraggio; miglioramenti nella governance e nell'applicazione della legge, in particolare per quanto riguarda i diritti umani e i diritti fondiari; e maggiore sostegno agricolo, infrastrutture e servizi pubblici, con il supporto adeguato da parte dei donatori e degli enti pubblici nazionali e locali.
- Partecipare allo sviluppo di meccanismi finanziari sostenibili per iniziative di conservazione e ripristino che includano benefici collaterali sociali e ambientali, tra cui la conservazione della biodiversità, mezzi di sussistenza più resilienti e il rispetto dei diritti umani.

La promozione e il sostegno di iniziative internazionali per ridurre la deforestazione e intensificare le azioni positive per le foreste potrebbero includere:

- Incoraggiare e partecipare ai processi di sviluppo di tavole rotonde sulle materie prime e di schemi di certificazione e altre iniziative multilaterali.
- Partecipare ad appropriate iniziative di settore, associazioni e coalizioni imprenditoriali.
- Sostenere lo sviluppo di fonti di dati affidabili e accessibili sui tassi di deforestazione e fattori trainanti ed esempi di migliori pratiche “forest-positive”.
- Contribuire alla diffusione di informazioni e conoscenze sulle iniziative internazionali, regolamenti e schemi, in particolare sui processi legati al quadro REDD+.

Suggerimenti per le PMI

Tutte le PMI:

- Designare qualcuno nella vostra azienda per guidare e decidere chi dovrebbe essere coinvolto nella progettazione e implementazione della vostra strategia; garantire che dispongano di risorse, conoscenze e supporto sufficienti.
- Attingere alle iniziative di settore e alle reti di associazioni per scoprire come colleghi e altre aziende stanno affrontando i problemi e se hanno approcci simili che possono orientare i vostri sforzi.
- Includere target e obiettivi in materia di deforestazione come parte delle revisioni delle performance e degli incentivi per il personale, per guidare il cambiamento.
- Assicurarsi che i rischi identificati siano presenti nelle condizioni di vendita, negli appalti e nelle pratiche contrattuali e nelle clausole dei vostri contratti.
- Identificare le risorse necessarie per implementare le attività previste dal piano di gestione del rischio.
- Condividere il vostro piano d'azione con tutti i fornitori e chiedere ai vostri fornitori di condividerlo anche con i partner nella catena di fornitura con cui potreste non avere un contatto diretto.
- Spiegare ai fornitori che potrebbero essere indicati nei vostri sforzi di definizione delle priorità di cui avrete bisogno per rafforzare la cooperazione nel ridurre il rischio di deforestazione.

Inoltre, le PMI a monte possono:

- Considerare di includere nella vostra strategia azioni per sviluppare la cooperazione con produttori, piccoli agricoltori, popolazioni indigene, comunità locali o altre parti interessate nella catena di fornitura e comunicare tale strategia a valle.
- Includere le richieste di due diligence dei clienti per contribuire a definire la strategia.

Fase 4: Verificare la due diligence sulla deforestazione

La Fase 4 delle linee guida OCSE-FAO riguarda la creazione di sistemi per tracciare e monitorare le azioni di due diligence per assicurarsi che siano efficaci.

Domande strategiche per le imprese

- Conduciamo valutazioni di due diligence nei punti chiave della catena di fornitura (ad es. punti di strozzatura)?
- Le nostre valutazioni di due diligence sono condotte internamente o effettuate da valutatori esterni di terze parti, o entrambi? Abbiamo utilizzato audit esterni per individuare eventuali lacune, al fine di garantire che la valutazione sia completa e consideri i diversi modi in cui avviene la deforestazione (ad esempio attraverso l'outsourcing a diversi fornitori, ecc.)? In tal caso, abbiamo verificato l'indipendenza e la qualità di tali audit e delle informazioni che ne derivano, e abbiamo rafforzato le nostre attività di monitoraggio e verifica basate sul rischio?
- Che ruolo può svolgere la tecnologia nelle valutazioni delle nostre azioni di due diligence sulla deforestazione?
- Esistono opportunità di collaborare con altri per condividere dati e ridurre i costi?
- Come abbiamo risposto alle denunce di terzi sui rischi di deforestazione?
- Se utilizziamo sistemi di certificazione di merci o prodotti di terze parti, sappiamo se tali sistemi sono uniformi alle linee guida OCSE-FAO e al quadro di due diligence basato sul rischio? In caso contrario, quali misure possiamo adottare per garantire che siano più allineati?
- Come monitoriamo i fornitori con i quali non abbiamo un contratto, al fine di attuare il cambiamento?

Monitorare l'implementazione e l'efficacia delle attività di due diligence

Le imprese dovrebbero adottare misure per verificare che le loro pratiche di due diligence siano efficaci, vale a dire che i rischi siano stati adeguatamente identificati e prevenuti e che gli impatti negativi siano stati mitigati. *Ciò comporta sia il monitoraggio* degli impatti per valutare e documentare la misura in cui le azioni, i progressi, le prestazioni e la conformità vengono eseguite o raggiunte; e *verifica* della conformità, delle prestazioni e/o delle azioni relative ad un impegno, standard o target dichiarato.

Questo processo dovrebbe essere proporzionato al rischio; tenere conto delle capacità delle varie imprese, poiché tali processi possono essere costosi; e, ove necessario, generare raccomandazioni per migliorare le pratiche di due diligence.

Il *monitoraggio* dell'efficacia del processo di due diligence dell'impresa può avvalersi delle tipologie di informazioni elencate nel Capitolo 5 sulle tipologie e potenziali fonti di informazione su merci e prodotti; e sulle fonti di informazione sulla deforestazione. Questo monitoraggio dovrebbe considerare quanto segue:

- I livelli di deforestazione e i livelli di rischio di deforestazione nelle aree da cui l'impresa si approvvigiona di materie prime e i prodotti cambiano nel tempo e devono essere continuamente monitorati. Gli elementi elencati nel Riquadro 2 (sui tipi e sulle potenziali fonti di informazioni su merci e prodotti) aiuteranno a fornire informazioni sui prodotti e sulle merci nelle operazioni e nelle catene di fornitura dell'impresa.
- Le fonti elencate nel Riquadro 3 possono aiutare a identificare la deforestazione nell'area di fornitura durante il periodo monitorato: qualsiasi cambiamento nella copertura arborea in quest'area costituisce un allarme per il quale deve essere valutato il livello di responsabilità dell'impresa.

La *verifica* degli effetti della procedura di due diligence dell'impresa comprende revisioni di documenti e meccanismi di controllo interno, verifica tramite dati satellitari, audit di terzi[5], indagini in loco e consultazioni con le comunità locali, la società civile e le autorità governative. La frequenza e l'intensità degli sforzi di verifica dovrebbero essere essi stessi basati sul rischio, in linea con la fase 2 delle linee guida OCSE-FAO (identificazione dei rischi).

I risultati degli sforzi di monitoraggio e verifica dovrebbero essere reintegrati nella progettazione e nel funzionamento del sistema di due diligence, poiché questa è un processo dinamico. Laddove il rischio è stato mitigato o prevenuto, l'impresa dovrebbe condurre una due diligence continua per garantire che il rischio non si ripeta o che non compaiano nuovi rischi.

L'impresa dovrebbe inoltre monitorare i propri meccanismi di controllo interno e garantire che siano solidi e funzionino come previsto. La consultazione e il coinvolgimento di stakeholder esterni come le popolazioni indigene, le comunità locali, la società civile e le organizzazioni internazionali possono aiutare a identificare i problemi ed è fondamentale per la verifica imparziale ed efficiente dei processi di due diligence.

Suggerimenti per le PMI

Tutte le PMI:

- Identificare le ONG e le comunità locali o le organizzazioni internazionali con conoscenza delle comunità di approvvigionamento agricolo nei settori merceologici di interesse; parlare con loro regolarmente per triangolare le informazioni che ricevete dai fornitori.
- Comprendere dai clienti o dalle normative esistenti il tipo e la frequenza dei dati necessari.
- Cercare modi in cui i dati possono essere raggruppati tra i clienti o come la tecnologia possa essere utilizzata per aumentare l'efficienza e ridurre i costi.
- Consultare le piattaforme esistenti che possono aiutarvi a identificare le segnalazioni di deforestazione nelle tue aree di approvvigionamento.
- Prendere in considerazione la possibilità di collaborare con partner e fornitori per introdurre reclami congiunti o sistemi di denuncia. Anche i punti di contatto nazionali dell'OCSE per l'RBC possono rappresentare una risorsa in questo senso.
- Prendere in considerazione l'utilizzo di strumenti e indicatori provenienti da iniziative di settore, schemi di certificazione o piattaforme di deforestazione di cui potreste far parte, per supportare la verifica della due diligence.
- Collaborare con aziende simili e gruppi industriali per aumentare la vostra influenza quando i rischi di deforestazione persistono all'interno delle vostre catene di fornitura.
- Collaborare con altri fornitori, associazioni imprenditoriali e ONG, se la vostra influenza sui partner commerciale non è sufficiente per incoraggiare il cambiamento.

Inoltre, le PMI a monte possono:

- Assicurarsi che i clienti sappiano come verificate e raccogliete le informazioni, compreso il tipo di dati raccolti, la frequenza della raccolta e con chi collaborate per ottenere tali dati.
- Essere trasparenti nel comunicare quali informazioni non avete e perché.
- Discutere con gli acquirenti a monte su come possono supportare le vostre attività di raccolta dati e utilizzare la loro influenza e capacità, che potrebbe essere maggiore della vostra.

Fase 5: Rapporto sulla due diligence per affrontare la deforestazione

La fase 5 delle Linee Guida OCSE-FAO riguarda il reporting pubblico sugli sforzi aziendali volti ad attuare la due diligence.

Domande strategiche per le imprese

- Comunichiamo i rischi di deforestazione identificati nella nostra catena di fornitura e le specifiche misure di mitigazione che abbiamo intrapreso?
- Forniamo un aggiornamento annuale sui nostri impegni in materia di deforestazione e su come stiamo procedendo (o meno) rispetto ad essi?
- Il nostro reporting dovrebbe essere effettuato attraverso un unico documento o attraverso diversi report distinti legati agli impegni della nostra azienda in materia di deforestazione o alle materie prime che trattiamo, o attraverso un capitolo del nostro report aziendale sulla sostenibilità?
- Abbiamo incorporato le raccomandazioni di reporting secondo le linee guida OCSE-FAO?
- Condividiamo questi rapporti con le parti interessate esterne e chiediamo un feedback sincero su ciò che è bene e cosa si può migliorare?
- In che modo i nostri rapporti sulla due diligence contribuiscono a migliorare il nostro apprendimento complessivo e miglioramento della due diligence per affrontare la deforestazione?
- Divulghiamo pubblicamente i nostri sforzi nelle diverse fasi di due diligence, inclusa la cooperazione con i fornitori per mitigare i rischi di deforestazione?

Reporting pubblico

È importante che le imprese esposte a rischi di deforestazione reali o potenziali riferiscano pubblicamente e regolarmente sulle loro politiche e pratiche di due diligence legate alle foreste (ove appropriato come parte di un quadro più ampio, come obiettivi di assenza di deforestazione e conversione), con la dovuta attenzione riguardo alla riservatezza aziendale e ad altri problemi di concorrenza. Ciò può includere sia informazioni qualitative sulla progettazione del sistema, che resoconti quantitativi sulle prestazioni. Ciò può fornire alle parti interessate, ai partner commerciali e agli investitori informazioni chiare, accurate e tempestive sugli effetti negativi effettivi e potenziali identificati attraverso valutazioni d'impatto continue e sulle misure adottate per mitigarli o prevenirli.

Le informazioni che potrebbero essere presenti in tali rapporti includono:

- Gli impegni dell'impresa riguardo alla lotta alla deforestazione e al degrado forestale, compresi non solo gli obiettivi (nessuna deforestazione o riduzione del rischio di una percentuale definita, ecc.), ma anche la definizione dell'impresa su foreste, deforestazione e degrado forestale, le date limite, portata in termini di materie prime e aree geografiche e così via.
- La percentuale del volume di produzione dell'impresa (sia da terreni gestiti dall'impresa che da fonti rinnovabili) che si ritiene essere esente da deforestazione o la percentuale per la quale ciò non è noto.
- Sintesi dei dati e delle informazioni raccolte, che descrivono l'esposizione dell'impresa ai rischi, i progressi compiuti rispetto a ciascun obiettivo e impegno (preferibilmente in una serie temporale, che mostri i progressi anno per anno) e qualsiasi impatto negativo che potrebbe aver causato o a cui ha contribuito.
- I sistemi di gestione dell'impresa, inclusa la politica di due diligence, specificando la struttura gestionale responsabile della due diligence dell'azienda e chi all'interno dell'azienda ne è direttamente responsabile.

- I sistemi di analisi e mitigazione del rischio messi in atto dall'impresa per affrontare la deforestazione, compreso il modo in cui funzionano, e i sistemi di controllo in atto, inclusa la certificazione, la tracciabilità o la catena di custodia.
- Il modo in cui le informazioni raccolte vengono utilizzate per rafforzare l'approvvigionamento e la gestione responsabile, mitigare i rischi, fornire soluzioni correttive e rispettare gli impegni dell'impresa.
- Cooperazione con le parti interessate e metodi per divulgare informazioni a tutti i clienti e fornitori, a monte e a valle, anche nel contesto dell'identificazione o della gestione dei fattori che determinano la deforestazione
- Informazioni sul rispetto di eventuali requisiti legislativi nazionali e standard internazionali sulla due diligence e sulla deforestazione.

Il reporting sui sistemi di due diligence e sulle prestazioni dell'impresa può avvenire in vari contesti e formati, inclusi i rapporti annuali dell'azienda, i rapporti di sostenibilità o i rapporti specifici sugli impatti dell'impresa sulle foreste. I rapporti possono essere resi pubblici attraverso il sito web dell'impresa, i social media e gli incontri con le parti interessate, compresi i partner a monte e a valle. La comunicazione deve essere adeguata agli impatti e al pubblico in termini di forma (compresa la traduzione nelle lingue appropriate), frequenza, accessibilità e adeguatezza delle informazioni fornite. Le informazioni raccolte possono anche essere comunicate in strutture di reporting, come il sistema di divulgazione di CDP Forests, gli standard di reporting della Global Reporting Initiative (GRI), il sito web supply-change.org o associazioni e gruppi di categoria nazionali o internazionali.

I report dovrebbero, ad esempio, adottare parametri chiari e costanti, per facilitare il monitoraggio e l'analisi a livello di catena di fornitura o di paese. Le imprese dovrebbero riferire sugli esiti dei processi in tutte le fasi di due diligence, in linea con le linee guida OCSE-FAO; farlo potrebbe anche contribuire all'allineamento con gli standard di reporting come quelli del GRI. Ad esempio, rispetto alla fase 1, le imprese potrebbero descrivere i propri impegni politici per RBC, fornire collegamenti a tali impegni (se disponibili al pubblico o, in caso contrario, spiegarne il motivo), segnalare il livello al quale ciascuno degli impegni politici è stato approvato all'interno dell'organizzazione, specificando se si tratta del livello più elevato, riferire in che misura gli impegni politici si applicano alle attività dell'impresa e ai suoi rapporti commerciali e descrivere come gli impegni politici vengono comunicati ai lavoratori, ai partner commerciali e ad altri parti interessate. Inoltre, le imprese dovrebbero descrivere il modo in cui integrano ciascuno dei loro impegni politici per RBC in tutte le loro attività e relazioni commerciali.

Suggerimenti per le PMI

Tutte le PMI:

- Decidere come e quando comunicare con i propri clienti e partner commerciali nel modo più efficiente in termini di risorse; questo può avvenire via e-mail e supportato dai social media.
- Includere informazioni pertinenti sui rischi di deforestazione identificati e sugli sforzi di mitigazione nelle vostre relazioni annuali, qualora le produciate.
- Se la vostra azienda partecipa a iniziative di certificazione o protezione forestale subnazionali, nazionali o internazionali, comunicare i vostri sforzi per mitigare i rischi di deforestazione secondo le Linee guida OCSE- FAO e questo Manuale.

Inoltre, le PMI a monte possono:

- Prendere in considerazione l'utilizzo di aggiornamenti regolari più brevi pubblicati nelle vostre premesse, sul sito web o tramite i social media

Rimedio degli impatti negativi

Questo capitolo del Manuale affronta le azioni che un'impresa può intraprendere quando non è riuscita a prevenire o mitigare la deforestazione, incluse le misure remediali.

Anche se la prevenzione della deforestazione dovrebbe avere la priorità, potrebbero esserci casi in cui un'impresa, attraverso l'esercizio della due diligence o altri mezzi, abbia identificato l'effettiva deforestazione ma non sia riuscita a prevenirla o mitigarla del tutto. In tal caso l'impresa dovrebbe identificarne le ragioni e intraprendere azioni correttive in relazione agli eventuali impatti negativi che ne sono derivati.

L'impresa dovrebbe identificare il motivo per cui le sue procedure di due diligence non sono riuscite a prevenire o mitigare gli impatti negativi e intraprendere azioni correttive per garantire che il problema non si ripeta; il coinvolgimento delle parti interessate locali, comprese le comunità locali e le popolazioni indigene, la società civile e il governo sarà fondamentale nel definire meccanismi adeguati.

Quando un'impresa realizza di aver causato o contribuito a effettivi negativi, è possibile adottare una serie di misure:

- Ove possibile, l'impresa dovrebbe cercare di riportare la persona o le persone colpite nella situazione in cui si troverebbero se l'impatto negativo non si fosse verificato. Ciò può includere, ove possibile, la restituzione della terra alle popolazioni indigene o alle comunità locali espropriate.
- Ove possibile, l'impresa dovrebbe cercare di ripristinare l'ambiente colpito allo stato in cui si troverebbe se l'impatto negativo non si fosse verificato, ad esempio ripristinando le foreste degradate o i terreni deforestati e garantendo un sostegno a lungo termine per l'area ripristinata.
- Laddove ciò non sia possibile (in molti casi di deforestazione potrebbe non esserlo), l'impresa può: (1) fornire adeguati livelli di compensazione in una forma concordata di comune accordo dalle comunità colpite (questo potrebbe non essere sempre monetario; una comunità potrebbe identificare sostegno all'istruzione o ai servizi sanitari, ad esempio, a seconda dei casi); e/o (2) fornire un'adeguata compensazione per gli impatti ambientali, in particolare le emissioni di gas serra e la perdita di biodiversità.
- Laddove appropriato, l'impresa può prevedere o cooperare con misure rimediali legittime attraverso le quali le parti interessate e i titolari dei diritti possono sollevare reclami e cercare di affrontarli con l'impresa (vedere anche la sezione sui meccanismi di reclamo nella Fase 1 del documento guida OCSE-FAO).

Glossario

Le definizioni contrassegnate da un asterisco (*) sono le definizioni standard stabilite dalla FAO (2020[21]); altri non sono concordati a livello internazionale. Sebbene siano presenti anche in molti contesti e legislazioni internazionali e nazionali, è importante notare che le definizioni di alcuni di questi termini, come “foresta”, sono spesso diverse nella legislazione nazionale e negli standard volontari. Le aziende possono adottare definizioni diverse, ma dovrebbero garantire che siano chiaramente indicate nella loro strategia aziendale sulla deforestazione.

Imboschimento: la creazione di foreste attraverso la piantagione e/o la semina deliberata su terreni che, fino ad allora, avevano un uso diverso, implica una trasformazione dell'uso del suolo da non forestale a forestale.

Punti di controllo o strozzature: imprese che hanno maggiore visibilità e/o influenza sui propri fornitori e sulle relazioni commerciali più in alto nella catena di fornitura rispetto alle imprese più vicine ai consumatori o agli utenti finali. Possono avere le seguenti caratteristiche:

- Punto di trasformazione. Si trovano nei punti chiave della trasformazione della catena di fornitura dove le informazioni sulla tracciabilità o sulla catena di custodia potrebbero essere aggregate o perse.
- Numeri bassi. Sono relativamente poche le imprese in questo punto specifico della catena di fornitura che trattano o gestiscono la maggior parte degli input che passano più in basso o più in alto nella catena.
- Leva elevata. Il più grande punto di leva sui fornitori e sugli attori più a monte nella catena di fornitura.
- Gli audit vengono effettuati qui. Punti in cui schemi e programmi di audit già esistono per sfruttare questi sistemi ed evitare duplicazioni.

Conversione: cambiamento di una foresta o di un altro ecosistema naturale ad altro uso territoriale o cambiamento profondo nella composizione, struttura o funzione delle specie di un ecosistema naturale.

Data limite: la data prevista dalla legislazione o dallo standard dopo la quale la deforestazione sugli appezzamenti o proprietà di origine non è consentita se le materie prime o i prodotti devono essere considerati conformi alla legislazione, allo standard o alla politica.

Deforestazione*: la conversione indipendente delle foreste ad altri usi del suolo, indotta o meno dall'uomo.

Senza deforestazione: non esiste una definizione standard per questo termine, ma generalmente è inteso come materie prime, prodotti o catene di fornitura che non causano o contribuiscono alla deforestazione o al degrado delle foreste nel loro paese di origine.

Foresta*: terreno di superficie superiore a 0,5 ettari con alberi di altezza superiore a 5 metri e una copertura della chioma superiore al 10%, o alberi in grado di raggiungere tali soglie in situ. Non include i terreni ad uso prevalentemente agricolo o urbano.

Degrado forestale: non esiste una definizione FAO o altra definizione standard per questo termine; la FAO incoraggia i paesi a definirlo da soli. La definizione contenuta nell'Accountability Framework, che si applica ad altri ecosistemi naturali e alle foreste, è: "Cambiamenti all'interno di un ecosistema naturale che influenzano in modo significativo e negativo la composizione delle sue specie, la struttura e/ o la funzione e riducono la capacità dell'ecosistema di fornire prodotti, sostenere la biodiversità e/o fornire servizi ecosistemici". (Quadro di responsabilità, 2020[4]).

Forest-positive: non esiste una definizione univoca per questo termine, ma generalmente è inteso nel senso di andare oltre la semplice gestione dei rischi di deforestazione nella catena di fornitura di un'impresa per ottenere impatti positivi sulle foreste, sui lavoratori e sulle comunità che dipendono da esse.

Approccio ad elevati stock di carbonio: metodologia per distinguere le aree forestali che dovrebbero essere protette – quelle che sono importanti per le comunità locali o hanno elevati valori di carbonio o biodiversità – da terreni degradati che potrebbero essere sviluppati, attraverso un approccio integrato di pianificazione sull'uso del territorio.

Alto valore di conservazione: valore biologico, ecologico, sociale o culturale di straordinario significato, o importanza cruciale.

Popoli indigeni*: popoli considerati indigeni a causa della loro discendenza dalla popolazione che abitava il paese, o da una regione geografica alla quale il paese appartiene, al momento della conquista o della colonizzazione o della definizione degli attuali confini statali e che, indipendentemente dal loro status giuridico, mantengono alcune o tutte delle proprie istituzioni sociali, economiche, culturali e politiche.

Approcci paesaggistici e giurisdizionali: l'IUCN definisce un approccio paesaggistico come quello in cui gli interessi dei diversi soggetti interessati in un paesaggio sono valutati in modo integrale e allineati attraverso il dialogo. L'approccio paesaggistico funziona sulla gestione sostenibile del paesaggio considerando l'intero contesto socioeconomico di un'area (IUCN, 2023[22]).

Ecosistema naturale: un ecosistema che somiglia sostanzialmente, in termini di composizione delle specie, struttura e funzione ecologica, a quello che si trova o si troverebbe in una determinata area in assenza di impatti umani rilevanti. Ciò include gli ecosistemi gestiti dall'uomo in cui sono presenti gran parte della composizione delle specie naturali, della struttura e della funzione ecologica.

Deforestazione zero: produzione di materie prime, fornitura o investimenti finanziari che non causano né contribuiscono alla deforestazione. Questa definizione si riferisce alla *deforestazione lorda*, vale a dire qualsiasi conversione delle foreste ad altri usi del suolo senza tener conto degli incrementi compensativi della copertura forestale.

Allegato A. Risorse

Fonti dei dati sulle foreste e sulla deforestazione

Esistono numerosi set di dati, strumenti di elaborazione e piattaforme per aiutare a ottenere informazioni sull'area forestale, sul tipo di foresta, sulla deforestazione e sul rimboschimento. I set di dati si riferiscono ai dati primari o ai dati elaborati utilizzati per produrre informazioni. Tutti i set di dati qui elencati possono essere scaricati gratuitamente (ad esempio da un sito web) o visualizzati (ad esempio in un portale di dati web). Una volta scaricati, i set di dati possono essere utilizzati in analisi più sofisticate utilizzando software di elaborazione dati geospaziali.

Gli strumenti di elaborazione sono algoritmi o software individuali che possono essere utilizzati per aggiungere valore ai dati o alle informazioni per produrre prodotti e analisi di ordine superiore. La maggior parte degli strumenti sono disponibili gratuitamente, anche se alcuni richiedono una licenza specifica per l'uso commerciale. Le piattaforme di elaborazione sono raccolte di strumenti basati sul web o desktop in grado di fornire supporto end-to-end per l'accesso e l'elaborazione dei dati. Anche le piattaforme possono essere gratuite o richiedere una licenza per applicazioni commerciali. Collettivamente, queste risorse possono essere molto preziose per monitorare gli impatti della catena di fornitura su scala locale e globale.

Quando si cercano e si utilizzano dati sulle foreste, è importante ricordare alcuni punti chiave sulle informazioni disponibili. La copertura arborea e la foresta sono diverse. La copertura arborea descrive una caratteristica biofisica della superficie terrestre (ad esempio ci sono alberi). La foresta, tuttavia, è un uso del territorio e può, o meno, avere una copertura arborea dovuta a pratiche di gestione (ad esempio, rimozione temporanea di alberi dovuta ai normali cicli di gestione o a causa di un incendio). La deforestazione, quindi, si riferisce alla perdita di copertura arborea e al contemporaneo cambiamento nell'uso del suolo da forestale a non forestale. Il degrado delle foreste si riferisce alla perdita di copertura arborea ma a nessun cambiamento nell'uso del suolo.

Comprendere chiaramente questi termini aiuterà a stabilire la priorità dei set di dati in base alle informazioni ricercate.

Quando si cercano informazioni sulla deforestazione in un paese specifico, un'azienda potrebbe voler contattare i punti focali nazionali per REDD+ o i sistemi nazionali di monitoraggio delle foreste per i dati pubblici disponibili.

Le tabelle seguenti non sono complete e intendono solo fornire un quadro completo degli strumenti e delle piattaforme disponibili per accedere alle informazioni relative ai cambiamenti forestali a partire da giugno 2022. La maggior parte delle informazioni è sintetizzata e aggiornata regolarmente in diversi elenchi, come REDD Compass (https://www.reddcompass.org/) o Apri MRV (https://openmrv.org). Il lettore è invitato a consultarli per una comprensione più approfondita dei dati e degli strumenti.

Tabella A A.1. Set di dati primari

Set di dati primary	Tipo di informazioni	Risoluzione spaziale	Open Source	Produttore	Facilità d'uso	Aggiornamento	Primi dati disponibili	Scala geografica	URL
Missione MODIS	Ottico Imaging	250-1000 metri	Si	NASA	Moderato	Quotidiano	2000	Globale	https://modis.gsfc.nasa.gov/
Missione Landsat	Ottico Imaging	30 metri	Si	NASA	Moderato	16 giorni	1972	Globale	https://landsat.gsfc.nasa.gov/
Missione Copernico	Ottico e Radar Imaging	10-20 metri	Si	ESA	Moderato	5 giorni	2015	Globale	https://www.esa.int/Applications/Observing_the_Earth/Copernicus
Planet NICFqfgbqb I	Ottico Imaging	3-5 metri	Reso disponibile attraverso il programma NICFI almeno fino al 2024	Pianeta	Moderato	Quotidiano	2015	Tropicale	https://www.planet.com/nicfi
Missione MODIS	Ottico Imaging	250-1000 metri	Si	NASA	Moderato	Quotidiano	2000	Globale	https://modis.gsfc.nasa.gov/

Tabella A A.2. Set di dati elaborati

Set di dati primari	Tipo di informazioni	Risoluzione spaziale	Open Source	Produttore	Facilità d'uso	Aggiornamento	Primi dati disponibili	Scala geografica	URL
UMD GLAD	Immagini, copertura degli alberi, cambiamenti, avvisi, incendi	30 metri	Si	Università del Maryland, USA	Facile	Mensile	2000	Globale	https://glad.umd.edu/ https://lpdaac.usgs.gov/products/gfcc30fccv001/ https://glad.umd.edu/dataset/gedi https://firms.modaps.eosdis.nasa.gov/map/
JRC TMF	Cambiamento della copertura forestale inclusa degradazione	10-30 metri	Si	Centro di Ricerca Congiunta, UE	Facile	Annuale	1992	Tropicale	https://forobs.jrc.ec.europa.eu/TMF/explorer.php

Set di dati primari	Tipo di informazioni	Risoluzione spaziale	Open Source	Produttore	Facilità d'uso	Aggiornamento	Primi dati disponibili	Scala geografica	URL
Avvisi GLAD (L&S)	Avvisi	30 metri	Si	Università del Maryland, USA	Moderato	Mensile	2017	Globale (L), America Latina (S)	https://glad.umd.edu/dataset/glad-forest-alerts
Avvisi RADD (S)	Avvisi	20 metri	Si	Università di Wageningen, Olanda	Moderato	Mensile	2020	Foresta tropicale umida primaria	http://radd-alert.wur.nl
Dynamic World	LCLU	20 metri	Si	Google, Istituti di risorse del Mondo	Moderato	Quotidiano	2015	Globale	https://developers.google.com/earth-engine/datasets/catalog/GOOGLE_DYNAMICWORLD_V1
ESA CCI	LCLU	300 metri	Si	ESA	Moderato	Annuale	1992	Globale	http://maps.elie.ucl.ac.be/CCI/viewer/index.php
ESA Worldcover	LCLU	10 metri	Si	ESA	Facile	Annuale	2020	Globale	https://worldcover2020.esa.int/viewer
JAXA Forest/Non forest	Copertura arborea	25-1000 metri	Si	JAXA	Facile	Annuale	2007	Globale	https://earth.jaxa.jp/en/data/2555/index.html
JRC TMF	Cambiamento della copertura forestale inclusa degradazione	10-30 metri	Si	Centro di Ricerca Congiunta, UE	Facile	Annuale	1992	Tropicale	https://forobs.jrc.ec.europa.eu/TMF/explorer.php
Strati Crowther Lab	Potenziale di ripristino delle foreste, biomassa, densità degli alberi	30-300 metri	Si	Politecnico federale di Zurigo	Facile	-	-	Globale	https://crowtherlab.com/maps/#/

Tabella A A.3. Piattaforme/strumenti di accesso ai dati

Piattaforme/strumenti di accesso ai dati	Descrizione	URL
Osservazione globale delle foreste	Global Forest Watch (GFW 2.0) è una piattaforma online guidata da WRI che fornisce dati e strumenti per il monitoraggio delle foreste. GFW 2.0 fornisce una dashboard con statistiche zonali precalcolate sui vari cambiamenti della copertura arborea e sui prodotti dell'estensione forestale, essenzialmente a livello nazionale e subnazionale. Consente inoltre agli utenti di visualizzare i set di dati GLAD in un geoportale e perfezionare tali calcoli per le zone definite dall'utente.	www.globlaforestwatch.org
Terra-i	Terra-i rileva i cambiamenti della copertura del suolo derivanti dalle attività umane quasi in tempo reale, producendo aggiornamenti ogni 16 giorni. Attualmente funziona per tutta l'America Latina e i tropici. È guidato da CIAT.	www.terra-i.org
FAO Risorse forestali serie di valutazioni	La FAO Global Forest Resources Assessment (FRA) fornisce informazioni essenziali per comprendere l'entità delle risorse forestali, la loro condizione, gestione e usi, a livello nazionale.	https://fra-data.fao.org/
OpenForis EarthMap	EarthMap è uno strumento per una rapida analisi storica ambientale e climatica basato su Google Earth Engine e sviluppato nell'ambito dell'iniziativa Open Foris della FAO.	https://earthmap.org
MapBiomas	Raccolta e diffusione di informazioni LULUCF in Panamazzonia; Cerrado brasiliano, Pampa e Pantanal; regione del Chaco; e foreste tropicali indonesiane.	https://mapbiomas.org

Tabella A A.4. Piattaforme/strumenti di elaborazione dati

Piattaforme/strumenti di accesso ai dati	Descrizione	URL
Motore di Google Earth	Google Earth Engine è un servizio di elaborazione geospaziale, basato su Google Cloud Platform. Lo scopo di Earth Engine è: fornire una piattaforma interattiva per lo sviluppo di algoritmi geospaziali su larga scala; consentire una scienza ad alto impatto e basata sui dati; e compiere progressi sostanziali nelle sfide globali che coinvolgono grandi set di dati geospaziali.	https://code.earthengine.google.com/
OpenForis SEPAL	SEPAL è una piattaforma di cloud computing che consente agli utenti di interrogare ed elaborare i dati satellitari in modo rapido ed efficiente, adattare i propri prodotti alle esigenze locali e produrre rapidamente analisi geospaziali sofisticate e pertinenti. Sfruttando supercomputer basati su cloud e moderne infrastrutture di dati geospaziali (ad esempio Google Earth Engine), SEPAL consente l'accesso e l'elaborazione di un'ampia gamma di dati satellitari.	https://sepal.io
OpenForis Collect Earth	Collect Earth è uno strumento che consente la raccolta di dati tramite Google Earth. Insieme a Google Earth, Bing Maps e Google Earth Engine, gli utenti possono analizzare immagini satellitari ad alta e altissima risoluzione per un'ampia varietà di scopi.	https://openforis.org/tools/collect-earth/
OpenForis Collect Earth Online	Collect Earth Online (CEO) è la prossima generazione di tecnologia di crowdsourcing basata sul web per le analisi delle scienze della Terra. Consente agli utenti di raccogliere dati di riferimento utilizzando immagini satellitari ad alta risoluzione e analisi di big data tramite Google Earth Engine. Più utenti possono raccogliere informazioni contemporaneamente.	https://collect.earth/
Open Data Cubes	Open Data Cube (ODC) è un progetto software open source per la gestione e l'analisi dei dati geospaziali che aiuta a sfruttare la potenza dei dati satellitari. Fondamentalmente, l'ODC è un insieme di librerie Python e database PostgreSQL che aiutano gli utenti a lavorare con	https://www.opendatacube.org/

Piattaforme/strumenti di accesso ai dati	Descrizione	URL
	dati raster geospaziali. L'ODC fornisce un'architettura di sfruttamento aperta e liberamente accessibile e cerca di promuovere una comunità per sviluppare, sostenere e far crescere la tecnologia	
Digital Earth Africa	e l'ampiezza e la profondità delle sue applicazioni a beneficio della società	https://www.digitalearthafrica.org/
EU Forestry Thematic Exploitation Platform	La piattaforma e i servizi della DEA consentono ai governi africani, all'industria e ai decisori di monitorare i cambiamenti in tutto il continente con un dettaglio senza precedenti. Ciò fornisce preziose informazioni per un migliore processo decisionale in molti settori, tra cui inondazioni, siccità, erosione del suolo e delle coste, agricoltura, copertura forestale, uso del territorio e cambiamento della copertura del suolo, disponibilità e qualità dell'acqua e cambiamenti negli insediamenti umani.	https://f-tep.com/
Proposed EU Observatory	La piattaforma tematica di sfruttamento forestale (Forestry TEP) consente agli utenti commerciali, governativi e di ricerca nel settore forestale a livello globale di accedere in modo efficiente a servizi e strumenti di elaborazione basati su dati satellitari per generare prodotti di informazione forestale a valore aggiunto. Tramite la piattaforma, gli utenti possono anche creare e condividere i propri servizi di elaborazione, strumenti e prodotti generati	

Tabella A A.5. Strumenti di mappatura della catena di fornitura

Strumenti di mappatura della catena di fornitura	Descrizione	URL
SPOT	SPOTT è una piattaforma online gratuita che valuta produttori, trasformatori e commercianti di materie prime in merito alla loro divulgazione pubblica in merito alla loro organizzazione, politiche e pratiche relative a questioni ambientali, sociali e di governance (ESG). Fornisce una dashboard per scaricare dati di valutazione, tendenze di analisi e accedere a ulteriori risorse.	https://www.spott.org
TRASE	Trase è uno strumento di mappatura della catena di fornitura su larga scala con tre caratteristiche principali: Collega sistematicamente i singoli attori della filiera a specifiche regioni di produzione subnazionale e ai rischi di sostenibilità e alle opportunità di investimento associati a tali regioni; Identifica le singole aziende che esportano, spediscono e importano una determinata merce scambiata; Copre tutte le esportazioni di un dato bene da un dato paese di produzione.	https://supplychains.trase.earth
Open Land Contracts	Open Land Contracts è un archivio globale di contratti disponibili al pubblico e documenti correlati per l'agricoltura, la silvicoltura e altri progetti di investimento basati sulla terra. Gli utenti possono accedere ai documenti originali in formato PDF; il testo completo di ciascun contratto; sintesi in linguaggio semplice delle principali disposizioni contrattuali in materia sociale, diritti umani, ambiente, fiscali e operative; e strumenti per cercare e confrontare i contratti	https://openlandcontracts.org

Standard volontari di sostenibilità e sistemi di certificazione

Gli standard volontari di sostenibilità[6] e i sistemi di certificazione[7] basati su di essi possono svolgere un importante ruolo nei contesti di due diligence riguardanti la deforestazione, insieme ad altri strumenti. Spesso contengono serie molto dettagliate di criteri ambientali, sociali ed economici che i prodotti certificati secondo i loro standard devono soddisfare, insieme a sistemi di catena di custodia, verifica, garanzia e monitoraggio per il processo di certificazione. Molti sistemi standard hanno forti elementi partecipativi e inclusivi, sia perché sono organizzati come tavole rotonde multilaterali sui prodotti sia perché i loro standard vengono regolarmente rivisti in un processo partecipativo, o entrambi; tuttavia, esistono variazioni significative tra i diversi standard e schemi e la loro governance.

In linea di principio, diversi tipi di VSS e certificazioni possono essere utilizzati come[8]:

- Uno strumento per adottare criteri relativi alla protezione delle foreste e evitare la deforestazione dopo una data limite specifica per la politica forestale di un'impresa.
- Una fonte di informazioni nella fase di valutazione del rischio di un sistema di due diligence.
- Uno strumento da utilizzare nella fase di mitigazione del rischio di un sistema di due diligence.
- Un quadro per coinvolgere e sostenere gli agricoltori e gli altri attori della catena di fornitura.

Alcuni VSS e sistemi di certificazione hanno sviluppato sistemi più semplici per la verifica di una gamma più limitata di criteri nel caso in cui materiali certificati vengono mescolati con materiali non certificati che, ad esempio, non devono essere stati raccolti illegalmente. Esistono anche alcuni schemi più semplici di verifica della legalità, che verificano se i prodotti sono stati fabbricati in conformità con le leggi nazionali dei paesi di origine; questi includono leggi relative alla deforestazione.

I sistemi VSS e di certificazione possono fornire strumenti preziosi per aiutare le imprese a implementare le fasi descritte in questo manuale e, cosa importante, spesso incorporano anche una gamma più ampia di criteri oltre alla semplice conservazione delle foreste e al cambiamento dell'uso del territorio. Tuttavia, le aziende mantengono la responsabilità ultima della propria due diligence e hanno una responsabilità in ogni fase del processo di due diligence. Una certificazione, per quanto forte e completa, non può sostituire questa responsabilità. Invece, le aziende che utilizzano le certificazioni dovrebbero verificare e basarsi sulle informazioni che ricevono attraverso i propri controlli basati sul rischio. Le certificazioni potrebbero anche non soddisfare tutti i requisiti della legislazione nazionale in materia di due diligence. Dovrebbero essere considerate come un'importante probabile componente e come fonte di informazioni per la politica di due diligence dell'impresa, e non come un suo sostituto.

La tabella seguente elenca alcuni dei principali standard volontari di sostenibilità e schemi di certificazione per le materie prime menzionati in questo Manuale. Sono elencati solo alcuni di quelli con copertura internazionale; numerosi sono anche gli schemi nazionali e regionali, in particolare, ma non solo, per il legname e i suoi prodotti.

La tabella inoltre non include le tavole rotonde sulle materie prime che non hanno ancora sviluppato schemi di certificazione; esempi includono la tavola rotonda globale per la carne bovina sostenibile e la piattaforma globale per la gomma naturale sostenibile.

Esistono anche standard sostenuti dal governo (e talvolta imposti), elencati nella Tabella A A.7.

Tabella A A.6. Standard volontari di sostenibilità e schemi di certificazione

Schema standard di certificazione	Materie prime coperte	URL
Bonsucro	Canna da zucchero	https://bonsucro.com
Commercio equo e solidale	Ampia gamma di prodotti, tra cui cacao, caffè, zucchero, tè	https://www.fairtrade.net
Associazione 4C (Codice Comune per la Comunità del Caffè)	Caffè	https://www.4c-services.org
Sostenibilità internazionale e Certificazione del carbonio (ISCC)	Biomasse agricole e forestali, rifiuti e residui biogenici; utilizzato principalmente per materie prime per biocarburanti come oli vegetali	https://www.iscc-system.org
Consiglio per la gestione forestale (FSC)	Prodotti in legno	https://fsc.org
Programma per la valorizzazione della Certificazione delle foreste (PEFC) (riconosce i sistemi nazionali di certificazione forestale allineati Con le norme PEFC)	Prodotti in legno	https://pefc.org
ProTerra	Qualsiasi merce agricola; utilizzato principalmente per la soia	https://www.proterrafoundation.org
Alleanza della foresta pluviale	Ampia gamma di prodotti, tra cui cacao, caffè, olio di palma, tè	https://www.rainforest-alliance.org
Tavola rotonda sulla soia responsabile (RTRS)	Mais, soia	https://responsiblesoy.org
Tavola rotonda sui biomateriali sostenibili (RSB)	Ampia gamma di materie prime di origine biologica e materiali derivati dalla biomassa; utilizzato principalmente per materie prime per biocarburanti	https://rsb.org
Tavola rotonda sull'olio di palma sostenibile (RSPO)	Olio di palma	https://rspo.org
Programma per la biomassa sostenibile (SBP)	Biomassa legnosa utilizzata nella produzione energetica industriale su larga scala	https://sbp-cert.org

Tabella A A.7. Standard nazionali di sostenibilità e schemi di certificazione

Schema standard di certificazione	Materie prime coperte	URL
Standard africano per il cacao sostenibile	Cacao	Non disponibile
Olio di palma sostenibile indonesiano (ISPO)	Cacao	Non disponibile
Olio di palma sostenibile dalla Malesia	Olio di palma	https://www.mpocc.org.my/about-mspo

Altre risorse rilevanti

Tabella A A.8. Altre risorse rilevanti

Nome	Descrizione	URL
Quadro di responsabilità	Insieme di norme, definizioni e linee guida per realizzare catene di fornitura etiche in agricoltura e silvicoltura, con l'obiettivo di portare chiarezza e coerenza nel modo in cui le aziende stabiliscono impegni, agiscono e monitorano i progressi verso il raggiungimento di catene di fornitura libere da deforestazione, conversione e violazioni dei diritti umani. Include protocolli e linee guida per molte delle fasi discusse in questo manuale.	https://accountability-framework.org
Foreste CDP	Quadro che consente alle aziende di misurare e gestire i rischi e le opportunità legati alle foreste, riferire sui progressi e impegnarsi ad agire per il ripristino delle foreste e degli ecosistemi.	https://www.cdp.net/it/forests
"Diritti di proprietà collettiva per l'attuazione	Documento tecnico che fornisce informazioni e casi di studio sul contributo dei diritti di proprietà collettiva all'arresto della deforestazione e alla mitigazione dei cambiamenti climatici	https://doi.org/10.4060/cb3521it

Nome	Descrizione	URL
del REDD+ e lo sviluppo sostenibile"	(programma FAO/UN-REDD).	
Consenso libero, previo e informato della FAO (FPIC) Manuale	Fornisce informazioni agli operatori sul diritto alla FPIC e su come può essere implementato in sei fasi.	https://www.fao.org/3/i6190e/i6190e.pdf
Iniziativa di reporting globale (GRI)	Ampia gamma di standard di reporting di sostenibilità.	https://www.globalreporting.org
ISEAL	Ampia gamma di standard di reporting di sostenibilità. Rete di standard volontari di sostenibilità, inclusi molti di quelli sopra elencati. Stabilisce codici di buona pratica e principi di credibilità per aiutare gli utenti a fare scelte informate rispetto a standard credibili.	https://www.isealalliance.org
Processo di valutazione dell'allineamento all'OCSE	Cerca di valutare l'allineamento dei settori o delle iniziative multi-laterali, come i sistemi di certificazione, con le raccomandazioni della Guida OCSE sulla due diligence per RBC e le linee guida settoriali sulla due diligence	https://www.oecd.org/corporate/industry-iniziative-allineamento-valutazione.htm
Accademia di e-learning dell'OCSE sulla Condotta d'impresa responsabile	I corsi includono la due diligence dell'OCSE per l'agricoltura e le catene di fornitura dei prodotti ittici.	https://mneguidelines.oecd.org/oecd-e-learning-academy-on-responsible-business-conduct.htm
Principi per gli investimenti responsabili nell'agricoltura e nei sistemi alimentari. Comitato per la sicurezza alimentare mondiale.	Il Comitato per la Sicurezza Alimentare Mondiale (CFS) ha approvato i Principi per gli investimenti responsabili nell'agricoltura e nei sistemi alimentari il 15 ottobre 2014. Essi cercano di affrontare gli elementi fondamentali di ciò che rende responsabili gli investimenti nell'agricoltura e nei sistemi alimentari; Identificano chi sono i principali stakeholder e i loro rispettivi ruoli e responsabilità rispetto agli investimenti responsabili nell'agricoltura e nei Sistemi alimentari; Servono da quadro per guidare le azioni di tutte le parti interessate coinvolte nell' agricoltura e nei sistemi alimentari, definendo Principi che possano promuovere investimenti responsabili necessari, migliorare i mezzi di sussistenza e difendersi e mitigare i rischi per la sicurezza alimentare e la nutrizione.	https://www.fao.org/3/au866e/au866e.pdf
Linee guida volontarie sulla Gestione responsabile del possesso della terra, della pesca e Le foreste nel contesto della Sicurezza alimentare nazionale (VGGT).	Linee guida approvate a livello internazionale che fungono da riferimento e stabiliscono principi e standard accettati a livello internazionale per la governance responsabile del possesso. Corredato da guide tecniche, anche sul rispetto del consenso libero, previo e informato, e corsi e-learning.	https://www.fao.org/tenure/voluntary-guidelines/en/

Riferimenti

Quadro di responsabilità (2020). *Definizioni.* https://accountability-framework.org/the-quadro/contenuto/definizioni/. [4]

CDP/AFI (2022). *Dagli impegni all'azione su larga scala,* CDP. https://www.cdp.net/en. [17]

FAO (2022). *Sondaggio sul telerilevamento FRA 2020.* https://www.fao.org/forest-resources-Assessment/remote-sensing/fra-2020-remote-sensing-survey/en/. [7]

FAO (2022). *The State of Agricultural Commodity Markets 2022. La geografia del cibo e commercio agricolo: approcci politici per lo sviluppo sostenibile,* FAO. https://www.fao.org/documents/card/en/c/cc0471en. [13]

FAO (2021). *Primi risultati dell'indagine di telerilevamento 2020 sulla valutazione delle risorse forestali.* https://www.fao.org/3/cb7449en/cb7449en.pdf. [8]

FAO (2020). *Valutazione globale delle risorse forestali 2020.* https://www.fao.org/3/ca9825en/ca9825en.pdf. [3]

FAO (2020). *Valutazione globale delle risorse forestali 2020: termini e definizioni.* https://www.fao.org/3/I8661EN/i8661en.pdf. [21]

FAO (2016). *Consenso preventivo e informato libero: un diritto dei popoli indigeni e una buona pratica per le comunità locali.* http://www.fao.org/3/I6190E/i6190e.pdf. [20]

FAO (2014). *Principi per gli investimenti responsabili nell'agricoltura e nei sistemi alimentari (CFS-RAI Principi).* https://www.fao.org/3/au866e/au866e.pdf. [19]

FAO e UNEP (2020). "Lo stato delle foreste nel mondo 2020", in *Lo stato delle foreste nel mondo: foreste, biodiversità e persone.* https://www.fao.org/documents/card/en?details=ca8642en. [5]

Federici S. (2015). "Nuove stime delle emissioni e degli assorbimenti di CO2 dalle foreste: 1990-2015". *Ecologia e gestione forestale*, vol. 352. https://doi.org/10.1016/j.foreco.2015.04.022. [6]

Forest Trends (2021). *Illicit Harvest, Complicit Goods: Lo stato della deforestazione illegale per l'agricoltura.* https://www.forest-trends.org/wp-content/uploads/2021/05/Illicit-Harvest-Complicit-Goods_rev.PDF. [14]

Geist H. (2002), "Cause prossime e forze trainanti sottostanti della deforestazione tropicale". *BioScience*, 52(2): 143-150. https://doi.org/10.1641/0006-3568(2002)052[0143:PCAUDF]2.0.CO;2. [9]

IUCN (2023). *Approccio al paesaggio.* https://www.iucn.nl/en/our-work/landscape-approach/. [22]

Lacey (2008). *Lacey Act.* https://www.aphis.usda.gov/aphis/ourfocus/planthealth/import-informazioni/lacey-agire/lacey-agire. [2]

OCSE (2018). *Guida OCSE alla due diligence per una condotta d'impresa responsabile*, OCSE. http://mneguidelines.oecd.org/OECD-Due-Diligence-Guidance-for-Responsible-Business-Conduct.pdf. [18]

OCSE-FAO (2021). *Prospettive agricole OCSE-FAO 2021-2030*, OCSE. https://doi.org/10.1787/19428846-it. [10]

OCSE-FAO (2016). *Guida OCSE-FAO per filiere agricole responsabili*, OCSE. https://doi.org/10.1787/9789264251052-en. [1]

Pendrill F. (2019). "Deforestazione spostata: commercio di materie prime a rischio forestale e prospettive per una transizione forestale globale". *Environmental Research Letters*, 14(5). https://doi.org/10.1088/1748-9326/ab0d41. [16]

ONU (2019). *Prospettive della popolazione mondiale 2019 – Punti salienti.* https://doi.org/10.18356/13bf5476-en. [11]

ONU (nd). *Impegno per eliminare la deforestazione causata dalle materie prime agricole e Aumentare gli investimenti in NbS.* https://climatechampions.unfccc.int/system/nature-and-tackling- deforestation/. [23]

Van Dijk, M. (2021). "Una meta-analisi della domanda alimentare globale prevista e della popolazione a rischio di fame per il periodo 2010-2050". *Nature Food*, 2(7): 494-501. https://doi.org/10.1038/s43016-021-00322-9. [12]

Banca mondiale (2019). *Il disboscamento illegale, la pesca e il commercio di animali selvatici: i costi e come combatterlo.* http://hdl.handle.net/10986/32806. [15]

Accountability Framework (2020), *Definitions*, https://accountability-framework.org/the-framework/contents/definitions/. [4]

CDP/AFI (2022), *From Commitments to Action at Scale*, CDP, https://www.cdp.net/en. [16]

FAO (2022), *FRA 2020 Remote Sensing Survey*, https://www.fao.org/forest-resources-assessment/remote-sensing/fra-2020-remote-sensing-survey/en/. [2]

FAO (2022), *The State of Agricultural Commodity Markets 2022. The geography of food and agricultural trade: Policy approaches for sustainable development*, FAO, https://www.fao.org/documents/card/en/c/cc0471en. [15]

FAO (2021), *First results of Forest Resources Assessment 2020 remote sensing survey*, https://www.fao.org/3/cb7449en/cb7449en.pdf. [3]

FAO (2020), *Global Forest Resources Assessment 2020*, https://www.fao.org/3/ca9825en/ca9825en.pdf. [9]

FAO (2020), *Global Forest Resources Assessment 2020: Terms and Definitions*, https://www.fao.org/3/I8661EN/i8661en.pdf. [8]

FAO (2016), *Free Prior and Informed Consent: An indigenous peoples' right and a good practice for local communities*, http://www.fao.org/3/I6190E/i6190e.pdf. [24]

FAO (2014), *Principles for Responsible Investment in Agriculture and Food Systems (CFS-RAI Principles)*, https://www.fao.org/3/au866e/au866e.pdf. [23]

FAO and UNEP (2020), "The State of the World's Forests 2020", in *The State of the World"s Forests: Forests, Biodiversity and People*, https://www.fao.org/documents/card/en?details=ca8642en. [14]

Federici, S. (2015), "New estimates of CO2 forest emissions and removals: 1990-2015", *Forest Ecology and Management*, Vol. 352, https://doi.org/10.1016/j.foreco.2015.04.022. [21]

Forest Trends (2021), *Illicit Harvest, Complicit Goods: The State of Illegal Deforestation for Agriculture*, https://www.forest-trends.org/wp-content/uploads/2021/05/Illicit-Harvest-Complicit-Goods_rev.pdf. [17]

Geist, H. (2002), "Proximate Causes and Underlying Driving Forces of Tropical Deforestation.", *BioScience*, Vol. 52(2), pp. 143-150, https://doi.org/10.1641/0006-3568(2002)052[0143:PCAUDF]2.0.CO;2. [22]

IUCN (2023), *Landscape Approach*, https://www.iucn.nl/en/our-work/landscape-approach/. [18]

Lacey (2008), *Lacey Act*, https://www.aphis.usda.gov/aphis/ourfocus/planthealth/import-information/lacey-act/lacey-act. [11]

OECD (2018), *OECD Due Diligence Guidance for Responsible Business Conduct*, OECD, http://mneguidelines.oecd.org/OECD-Due-Diligence-Guidance-for-Responsible-Business-Conduct.pdf. [10]

OECD/FAO (2016), *OECD-FAO Guidance for Responsible Agricultural Supply Chains*, OECD Publishing, Paris, https://doi.org/10.1787/9789264251052-en. [1]

OECD-FAO (2021), *OECD-FAO Agricultural Outlook 2021-2030*, OECD, https://doi.org/10.1787/19428846-en. [13]

OECD-FAO (2016), *OECD-FAO Guidance for Responsible Agricultural Supply Chains*, OECD, https://doi.org/10.1787/9789264251052-en. [12]

Pendrill, F. (2019), "Deforestation displaced: trade in forest-risk commodities and the prospects for a global forest transition", *Environmental Research Letters*, Vol. 14/5, https://doi.org/10.1088/1748-9326/ab0d41. [20]

UN (2019), *World Population Prospects 2019 – Highlights*, https://doi.org/10.18356/13bf5476-en. [6]

UN (n.d.), *Commitment on Eliminating Agricultural Commodity-Driven Deforestation and Increasing Investments in NbS*, https://climatechampions.unfccc.int/system/nature-and-tackling-deforestation/. [5]

Van Dijk, M. (2021), "A meta-analysis of projected global food demand and population at risk of hunger for the period 2010–2050.", *Nature Food*, Vol. 2(7), pp. 494–501, https://doi.org/10.1038/s43016-021-00322-9. [7]

World Bank (2019), *Illegal Logging, Fishing and Wildlife Trade: The costs and how to combat it*, http://hdl.handle.net/10986/32806. [19]

Note

[1] La prospettiva agricola OCSE FAO 2022-31 illustra la crescente necessità di promuovere una produzione agricola sostenibile, compreso l'adattamento ai diversi contesti specifici delle regioni per bilanciare la produzione alimentare con altre colture e la conservazione delle risorse naturali (OCSE-FAO, 2021[10]).

[2] Oltre a queste iniziative globali, esistono molte iniziative regionali e nazionali per combattere la deforestazione nelle catene di approvvigionamento agricolo.

[3] Si veda ad esempio l'Impegno del settore finanziario sull'eliminazione della deforestazione dovuta alle materie prime annunciato alla COP26 (ONU, nd[23]) mentre alla COP 27 i paesi del partenariato Leader per la Foresta e il Clima hanno promesso di responsabilizzarsi a vicenda nell'impegno aporre fine alla deforestazione entro il 2030. https://www.euronews.com/green/2022/11/07/cop27-more-than-25-countries-band-together-to-keep-deforestation-pledges-made-in-glasgow

[4] Per ulteriori informazioni consultare la nota informativa sul "tradurre un approccio alla due diligence basato sul rischio in legge". http://mneguidelines.oecd.org/translating-a-risk-based-due-diligence-approach-into-law.pdf

[5] Laddove un audit sia ritenuto appropriato, l'indipendenza e la qualità degli audit sono fondamentali per la loro efficacia. I revisori dovrebbero essere indipendenti, competenti e responsabili. Le imprese potrebbero prendere in considerazione l'utilizzo di un istituto indipendente responsabile dell'accreditamento dei revisori, della verifica degli audit, della pubblicazione di rapporti di audit, dell'implementazione di moduli per sviluppare le capacità dei fornitori di condurre la due diligence e di aiutare a dare seguito ai reclami delle parti interessate.

[6] Per ulteriori informazioni sui VSS e sul loro ruolo, consultare il sito web del Forum delle Nazioni Unite sugli standard di sostenibilità (UNFSSS): https://unfss.org/home/about-unfss

[7] La certificazione è definita dall'ISEAL come: "L'emissione di una dichiarazione di parte terza attestante che è stato dimostrato il rispetto dei requisiti di conformità specificati (ISEAL, adattato dalla norma ISO 17 000)". Vedere https://www.isealalliance.org/sites/default/files/resource/201802/ISEAL_Assurance_Code_Version_2.0.pdf

[8] Per ulteriori informazioni consultare la Nota informativa sul ruolo delle iniziative di sostenibilità nella due diligence obbligatoria: https://mneguidelines.oecd.org/the-role-of-sustainability-initiatives-in-mandatory-due-diligence-note-per-politici.pdf

www.ingramcontent.com/pod-product-compliance
Ingram Content Group UK Ltd.
Pitfield, Milton Keynes, MK11 3LW, UK
UKHW051643031026
15588UKWH00007B/1295

9 789264 579798